Hola! Amigo (a) lector(a):
Al iniciar esta modesta obra literaria quiero citar una frase de un autor que dice así; *"Un hombre nunca permanece tan alto como cuando se inclina para ayudar a un niño"*. (Anónimo. Crédito: Marine Toys For Tots Foundation). El significado profundo de esta frase la veremos surgir a todo lo largo de nuestra lectura
El fenómeno migratorio es un hecho histórico impulsado por un sentimiento noble: la esperanza.

ESPERANZA

Es una luz en las tinieblas
Que se abre a la vida;
 La busca el ciego en cada paso
El emigrante en cada intento.

Esperanza y pesimismo
Son energías de una misma realidad
Una, se abre con hilos de amor
La otra, con granos de sal.

Esperanza, devuélveme la sonrisa
Trae el sudor a mi frente
El paso a mis piernas
Alas a mi fe.

EMOCIONES

Separación de familias: Estaba viendo yo un video de un noticiero en el cual se veía un niño de dos años llorando cerca de su madre y en presencia de un miembro de la patrulla fronteriza. Es difícil concebir que la separación de niños y sus padres esté produciéndose en esta gran nación de los Estados

Unidos. Los padres vienen con la esperanza de ser acogidos para mejorar las condiciones de vida para ellos y sus hijos, pero nunca imaginaron el tratamiento que se les daría. Y realmente lo que sucede es una crisis emocional familiar. Hay un dicho que dice que "una imagen habla mas que 1000 palabras", pero en realidad una imagen se queda corta ante el impacto emocional que una separación familiar provoca en la mente de padres e hijos y, es que a raíz de ello, el núcleo familiar se desintegra. La angustia y el temor vienen a ocupar un lugar en el día a día de cada uno de sus miembros. Pasarán varios días y muchos de ellos no podrán abrazarse, e incluso, decirse lo mucho que se quieren. No cabe duda que la decisión de emigrar a este país sin la debida legalidad ha provocado un daño emocional a las familias que podría ser irremediables.

 Estos acontecimientos hacen que surja en nosotros el sentimiento de la compasión. La mente no puede comprender que estos hechos estén sucediendo en un país tan desarrollado como los Estados Unidos de Norte América, ampliamente reconocido por su carácter fraternal.

En este libro quiero elevar mi voz a todas las conciencias solidarias pon el bienestar común. Quiero pensar que las familias qué emigran a los Estados Unidos no son responsables políticamente de tomar la decisión de viajar a este gran país. Existen circunstancias políticas y económicas sin faltar las de tipo social, que obliga a padres e hijos a salir de sus países para buscar una vida mejor. Los derechos básicos de estas personas han sido mancillados y se les negado el derecho y protección a una vida y trabajo digna, a una mejor educación y disfrutar de una buena salud familiar, Incluso el derecho a la libre circulación en las calles es restringido por la aparición de grupos delictivos.

El día a día de estas personas es insostenible viviendo con temor y sin esperanzas por un futuro mejor. Y es así como generaciones van cayendo en el precipicio de la pobreza, la inseguridad y la falta de oportunidades.

El más reciente hecho observando por miles y miles de televidentes fue la travesía protagonizada por miles de personas adultos y niños montando la "bestia", o sea el tren de carga camino a la frontera con los Estados unidos. A todos nos partió el alma ver a niños en brazos de sus madres dándoles cobijo y protegiéndoles de las inclemencias del viento y del tiempo.. El sufrimiento y la esperanza se veía reflejada en sus rostros.

El haber llegado a suelo norteamericano fue un gran alivio sin imaginarse a los protocolos políticos de inmigración a los cuales tendrían que enfrentarse: difícil y cruel. Difícil porque tienen que demostrar que su historia es creíble; y cruel por la consiguiente separación de familias.

Quiero aclarar que este material no es un documental, ni personaliza la historia de una familia o individuo en particular; el interés del autor es discutir sobre la angustiante lucha de cientos o miles de personas que buscan una vida mejor en los Estados Unidos de Norteamérica, y concederles dignidad.

Presento en primer lugar una composición literaria (Proclama) que refleja la lucha y el sufrimiento de emigrantes de diferentes países de América, que llevan en sus corazones el ansia de alcanzar un nivel de dignidad en sus vidas. Intento, amigo lector, poner en sus manos un pensamiento, una reflexión, una discusión y un reconocimiento a la lucha de emigrantes por llegar a este país norteamericano.

Dedico esta obra a mi esposa, a mis hijos y al pueblo inmigrante.

La composición literaria es la siguiente:

"HERMANDAD SIN FRONTERAS".
(Proclama)
1
Pueblo de honor
Hoy venimos a ti
Suplicando tu protección;
Tengo mi hogar
A mis hijos también
Danos la legalización.
2
Muestro ante ti
Una historia de fe
De respeto y voluntad;
Amo tu ley
Y quiero trabajar,
Danos la oportunidad.
3
Oh gran pueblo norte americano
Forjemos juntos la unidad
La reforma migratoria
Es la mejor solución.
4
Voces de niños se escuchan
Implorando compasión
Y mirando a las estrellas
Piden alto a la deportación.

Bien, la anterior composición literaria será la base para explorar sentimientos emociones, actitudes y valores de toda una comunidad emigrante e inmigrante, personas con el sufrimiento

marcado en los surcos de su frente, vienen a los Estados Unidos
buscando protección y ayuda mediante el asilo político
Voy a reproducir línea por línea la composición anterior,
buscando en su contenido variados matices del comportamiento
humano, y reflejar esos matices mediante una serie de
discusiones y valoraciones, que es la propuesta y esencia de la
integridad del pueblo inmigrante.
 "Hermandad sin Fronteras".
(Proclama por la dignidad y propuesta de integridad del
inmigrante)
#1:
"PUEBLO DE HONOR"
 "Estados Unidos de Norteamérica"
 "Reconocemos tu bravura"
 "Tu idealismo por la justicia"
 "Tu visión telescópica hacia el futuro".

Discusión:
"PUEBLO DE HONOR"
Hablar de Estados Unidos es mirar hacia las estrellas, porque
como ciudadanos naturalizados, es el país con el que todos
soñamos para vivir, para crecer, para superarnos, para tener una
familia, protegerla y asegurar su futuro. Hay algo que siempre
he admirado de este país y es un respeto por la ley. El orden y la
ley son piezas fundamentales para desarrollar sociedades fuertes
y visionarias, dónde haya respeto por la persona; por sus
derechos; por sus creencias; por sus aspiraciones y por su fe en
un futuro mejor. Este conjunto de realidades, son el abono
propicio para asegurar las metas más altas. Mi uso de razón
registra el conocimiento de este país allá por la década de los
cincuenta, y escuché por primera vez el nombre de uno de sus

Presidentes: Dwight Eisenhower; y en los sesenta escuché por primera vez el nombre del gran Presidente John F. Kennedy.
 Estos dos paladines de la política conforman la base de mi fe en este gran país, por su enorme aportación a su defensa, y por su enorme sensibilidad social para ayudar a otros países a desarrollar su potencial y salir de la pobreza.
Fue precisamente a finales de la década de los cincuenta en que tuve noticia de una familia que tenía el propósito de viajar a este país. Eran mis vecinos y para ese entonces yo jugaba con el niño de esa familia. Yo veía que esos vecinos aunque vivían frente a nuestra casa no era una familia pobre. Tenían carro, casa propia, buena ropa, y dinero para sus tiempos de comida, además, sus antojos era satisfechos, lo que inversamente, mi familia no podía satisfacer. Para ese entonces nadie en mi familia pensaba en emigrar a los estados unidos, y pasarían tres décadas para que yo emigrará a este país. En lo personal, tempranamente, nunca tuve esa idea, sin embargo, llegué a conocer y a amar la música de ciertos exponentes de gran popularidad en los estilos del Rock, Jazz, y la música de las grandes orquestas. Mi respeto y amor por este país fue creciendo y forjó parte de mis aspiraciones musicales cuando formando parte de un grupo musical en mi calidad de bajista, interpreté esa música en presencia de un numeroso público en mi país. Lo importante de toda esta pincelada de mi vida y experiencias infantiles, es el detalle que desde el momento que yo tuve conocimiento de esta gran nación, mi actitud fue de admiración y respeto en todos los aspectos de la vida social, económica y política del país de Estados Unidos de Norte América.
"Reconocemos tu bravura"
Cada pulgada de tierra de América del Norte es sagrado , porque ha sido bañada con la sangre de hombres y mujeres héroes de

esta gran nación, que han participado y sacrificado sus vidas para defender a sus habitantes, sus ideales y su libertad.

Los hijos de miles de inmigrantes viviendo en este gran país, han sido protagonistas de numerosas confrontaciones bélicas para hacer de este país una nación libre y poderosa.

La sangre de miles de inmigrantes ha dejado su huella en este país multicultural, ahora convertidos en héroes, dejando un vacío en las familias pero llenando de orgullo sus corazones.

Mucho de lo que este país es y ahora tiene, ha sido creado, producido y desarrollado por las manos y sangre de jóvenes valientes que han caído en esta gran nación y la adoptaron como su segunda patria. Alabó la valentía de nuestros soldados, así como el apoyo de alta tecnología que se les presta para ejercer con eficiencia y coraje su tarea de defender la libertad de Estados Unidos.

Reconocer la bravura en términos de defensa territorial, ideológica, además de su legado histórico, es el esfuerzo que debemos agradecer a nuestros hijos valientes y patriotas, quienes convencidos de los altos ideales de convivencia entre personas de diferentes nacionalidades, han dicho presente ante las exigencias históricas a las que este país se enfrenta día a día para mantener su liderazgo mundial.

Pero ahora dando un paso adelante, estoy convencido que ese coraje y bravura en el plano de la defensa territorial, tiene también otras repercusiones en el plano de la productividad con lo que se pretende hacer grande la economía norteamericana. Me refiero a cientos y miles de personas en edad laboral que día día plasman su creatividad, su esfuerzo, su energía y conocimientos a la elaboración, fabricación y desarrollo de múltiples actividades en el plano de la actividad económica,

dinámica de una comunidad multirracial enfocada hacia el bien
común, es decir, al bienestar general.
Entonces, hablar de coraje es recoger el legado de nuestros
antecesores inmigrantes por su entrega a este país, lo que nos ha
permitido recoger y desarrollar la semilla del progreso, y
respetar sus ideales de libertad,
Coraje y bravura no es sólo una actitud con la expresión de
valentía, es también una voz, un ejemplo y un legado para todos
aquellos que respiramos aires de libertad, protección y bienestar
en esta bendita tierra de Estados Unidos de Norteamérica.
Se escucha fuertemente la frase que Estados Unidos es un país
de inmigrantes, y la estatua de la Libertad da la bienvenida a
todos aquellos con claros ideales y propósitos nobles que
diariamente arriban a estas tierras. El coraje y la bravura de
nuestros jóvenes también ata a nuestras familias más allá de las
fronteras.
'Tu idealismo por la justicia"
Estados Unidos de Norteamérica se nutre de su ideal de la
justicia. Este no es un concepto filosófico o Jurídico por sí
mismo; en muchos países simplemente es letra muerta, es decir
el mensaje de justicia sólo existe en un papel pero nos
representa los derechos de un ciudadano. Esto puede ser por
idiosincrasia, por voluntades compradas o posiblemente por un
concepto irracional de legislar a base del temor y la opresión. Si
a la justicia se le representa con la figura femenina sopesando
una balanza y con los ojos vendados, esto hace más difícil para
los encargados de impartir justicia, valorar todas las
posibilidades; evidencias o pruebas y aplicar un balance justo a
la realidad de una acción punible.
El dictamen que va mas allá de una duda razonable, es
precisamente el equilibrio en el balance de una decisión jurídica

que pueda o no va afectar los intereses y libertad de alguien sujeto a las leyes de su país.

El ideal de la justicia es como diría un panadero la levadura de la Constitución de un país. Justicia es sinónimo de imparcialidad, pragmatismo y ética jurídica. La venda en los ojos de la emblemática figura simboliza la aplicación de la justicia sin prejuicios, ni flaqueza de voluntades que puedan ser compradas por individuos o sectores con intereses poderosos. Admiro y respeto la vocación de hombres y mujeres encargados de impartir justicia en este país de Estados Unidos, porque los procesos y veredictos llevan el sello de ser justos.

Estoy seguro que no falta un pelo en la sopa como se dice coloquialmente, y que en cierto modo podría desvirtuar mis anteriores convicciones. Sin embargo aquello no es la norma; y si estadísticamente hay casos mal llevados, eso no implica que sea la norma por naturaleza, Y afortunadamente existe una institución denominada Proyecto Inocencia que revisa los casos de individuos que han sido encarcelados injustamente, sea por una deficiente defensa, una falsa interpretación de las pruebas o error en el proceso legal.

Mi creencia en el ideal de justicia de está nación, fortalece mi esperanza en que cada familia e individuo que busque asilo en esta nación, esté amparado y protegido por el derecho inalienable a la unidad familiar y al derecho internacional de asilo. Este es ideal de justicia que está por encima de intereses personales o de grupo, y su único objetivo es aplicar la justicia en apego a los derechos de cada persona. Por ello, mientras la sociedad norteamericana fundamente las acciones jurídicas en valores tales como el respeto, la igualdad, la equidad y la libertad, el ideal de justicia prevalecerá.

Bien, siguiendo con el análisis de la composición literaria "Hermandad sin Fronteras", surge la siguiente línea:

"Tu visión telescópica hacia el futuro"

El futuro de una nación encarna los sueños de sus ciudadanos. No hay progreso sin sueños; no hay sueño sin esperanza; no hay esperanza sin unidad. Cómo, entonces, nos explicamos que los ciudadanos de esta nación inclinen sus intereses hacia la superación, el progreso, el desarrollo y el bienestar general? El fenómeno multicultural que sustenta la composición de la sociedad norteamericana, es uno de los pilares que apunta hacia el futuro promisorio de este gran país. Cada uno de los individuos que integra esta sociedad tiene una perspectiva de la vida que es solidaria con las necesidades de sus integrantes. Cada día miles de puertas esperan ser abiertas para que alguien se beneficie de la educación o del entrenamiento para el desarrollo de una habilidad laboral.

Vivir en Estados Unidos de Norteamérica es toda una experiencia única y reveladora acerca del potencial de lo que cada ciudadano es capaz de realizar. Diríamos que por naturaleza el estadounidense involucra su cerebro en el progreso de la manera más natural. Esta es la naturaleza del hombre norteamericano: ver más allá del sitio donde tiene plantados los pies. Pero esta visión telescópica no es orgánica o biológica, por el contrario, esta visión tiene su base en un profundo sentido hacia al conocimiento y el poder. Esa visión no solamente percibe la forma , el contorno y el color del mundo físico, sino la posibilidad de convertir un sueño en un proyecto práctico, útil y de beneficio colectivo.

El enfoque multicultural de una idea o de un sueño, hace de cualquier proyecto un reto para los emprendedores.

Personas de Latinoamérica, Europa y otros países solidarios con los ideales y valores de los Estados Unidos, desean ser parte de esta visión telescópica hacia un futuro que involucre conocimientos, valores y respeto a la ley y a la vida. Ahora sí podemos enriquecer nuestra frase: "una visión telescópica hacia un mejor futuro". En ese plano de exposición quisiera hacer una analogía de un hecho histórico, más bien de dos memorables hechos históricos: según la narrativa histórica del descubrimiento de América, en uno de los veleros en el que se transportaba el marinero español Rodrigo de Triana, este personaje, desde lo alto de su mástil en alta mar, gritó: "! Tierra!": el descubrimiento de América con toda su riqueza estaba allí! Ahora bien, la analogía a la que me refiero es la siguiente: en el mes de mayo del año 2018, numerosas familias salieron de sus tierras de origen en Latinoamérica con el fin de llegar a un sitio que les cambiaría la vida. Hombres, mujeres y niños se transportaron en buses y trenes, además de hacer largas travesías a pie con sus niños en brazos y cargando algunas pertenencias muy humildes en sus espaldas, pero llenos de una gran esperanza que les permitiría continuar con sus metas en la vida. Fue así como llegaron al límite fronterizo entre Estados Unidos y México, y es aquí donde precisamente quiero resaltar la analogía, porque los jóvenes que primero estuvieron frente al muro, lo escalaron y alcanzaron la cima, y con una pierna colgando del lado mexicano y la otra pierna colgando del lado norte americano, levantaban sus manos moviéndolas con alegría y entusiasmo, como queriendo expresar:" Tierra!", desde el acrópolis de sus esperanzas y sueños.

El éxodo de latinoamericanos a tierras norteamericanas, es una muestra de la ausencia de la integración social y política de esas sociedades, donde todos los esfuerzos por mantener la unidad, el respeto y el progreso han caído en saco roto. Y si a eso le sumamos el aumento en la demografía de esos hermosos pueblos y la falta de oportunidades, entonces la emigración de personas a países vecinos será un acontecimiento de todos los días.

Quiero presentar una composición personal conectada a "Visión telescópica hacia al futuro':

"VISIONARIO"
El que ve a través de las nubes del tiempo
Él que oye el lamento a través del viento
El que vive inmerso en el futuro
Como queriendo poner de cabeza el tiempo.

En él lo estático es pasado
Lo dogmático es cuestionado
Lo enigmático es despejado
Y lo imposible superado.

Es el que ve más allá de su sombra
El que huele el cambio como una necesidad
Y pone la radiografía del futuro
En la red realista del presente.

Bien, siguiendo con la secuencia literaria de: "Hermandad sin Fronteras", discutiremos acerca de la línea número dos:
#2:
"HOY VENIMOS"
"Como fantasmas guerreros"
"Triturando el pasado dominante"
"Formando una muchedumbre de "chuys', "lupes" o "Marías"

"Portando banderas de paz y trabajo"

 Discusión acerca de la frase:
"Como fantasmas guerreros":
Toda promesa de vida, por ejemplo el nacimiento de un niño, representa para los padres un reto a resolver las necesidades físicas, materiales, emocionales y afectivas del nuevo ser que viene al mundo. La alegría es inmensa al escuchar su primer llanto porque representa una manera de decirle al mundo! Presente!, pero este primer llanto podría ser para muchos niños en Latinoamérica, un llanto que se prolongará a todo lo largo de su vida, por el sufrimiento de no encontrar en su entorno las condiciones propicias de tipo social y económico que le permita salir adelante. Este llanto infantil seria más adelante el eco del llanto de una madre desesperada, o de un padre afligido que no encuentra salida a su aflicciones para el sostén de su familia. Escoger el nombre de un hijo por venir es de mucha alegría para los padres y el resto de la familia, sin embargo si el futuro para ese niño es aciago y llenos de penurias, entonces su nombre se masifica, es decir, viene hacer parte de un conglomerado de personas a quienes se les cuelgan estereotipos como:" los marginados de la sociedad"; "los desheredados de la sociedad"; "parias de la sociedad"; poco a poco aquel llanto olvidado de la infancia vuelve a cobrar vida y se hace colectivo. Un pueblo que llora por la desesperanza, la pobreza y el sufrimiento. Y es así como inicialmente vemos grupos de personas, adultos y niños, que ante el desasosiego de un futuro incierto que vislumbra frío y hambre, establecen sus ansias de vivir en terrenos comunales pertenecientes al municipio, y ante la necesidad de cobijo para sus hijos, los sitios baldíos vienen a hacer su nuevo

asentamiento. Entonces en el mapa de la ciudad empiezan a aparecer los cinturones de pobreza.

Ante la ausencia de un liderazgo político gubernamental que defina y resuelva las necesidades de superación de todo un pueblo, el fracaso hacia la expansión de una economía fuerte cae como un vendaval sobre sus habitantes.

La emigración interna de pequeñas comunidades hacia ciudades circunvecinas empieza a gestarse. Débiles fulgores de prosperidad invita a sus nuevos habitantes a sentar plaza en las esquinas y avenidas importantes. La venta y el trabajo informal callejero surge con ímpetu.

El coraje por el trabajo no se pone en duda. Lo que falta es una re-orientación y selección de las capacidades y potencial de hombres y mujeres que puedan sumarse con su trabajo a fortalecer la economía nacional. Se necesitan programas de desarrollo para este fin, y aunque físicamente estén escritos y delineados en gruesos tomos de papel, sigue siendo letra muerta porque en la práctica no se ven los resultados.

El gentilicio de pertenecer a una nación es un derecho de nacimiento, (guatemalteco, salvadoreño, hondureño etc) desafortunadamente, las sombras de la indiferencia hace que desde la niñez se tire por la borda toda esperanza por una vida digna y larga.

Buscar nuevos derroteros en otra nación es propio de toda persona de bien; salir del pueblo al amanecer, iluminado por los últimos destellos de la luna, hace que nuestra conciencia nos señale como fantasmas nocturnos, Y nuestra oscura sombra parece dar fe de ello. Pero en la quietud de la noche el decidido paso de padres y niños resuena en las callejuelas del pueblo. La sombra se pierden al final de la calle Real y una nueva historia está por escribirse en el corazón el hombre común de la calle. Si en su Patria eran como fantasmas, ahora van al encuentro de una nueva identidad que les conceda mayor dignidad humana.

Por qué guerreros? Porque el hombre de América Latina lleva la casta guerrera en sus entrañas. Es la casta del guerrero maya mesoamericano, azteca e Inca que no le teme al camino del nopal, pero a lo largo de su caminos por recorrer extiende una alfombra de maíz que alimenta sus esperanzas. Sí, hombres y mujeres latinoamericanos llevamos la sangre guerrera en nuestros corazones. Este concepto histórico no es dignamente aprovechado para aquellos que tiene la responsabilidad de dirigir los destinos de una nación. Razones? Falta de talento en el uso de la gobernabilidad, enriquecimiento ilícito de sectores políticos desinteresados en el bienestar colectivo, presiones internas que atentan contra la paz.

Y así dentro de esta bóveda socio-política, el hombre latinoamericano emerge y a bocanadas absorbe los nuevos aires y nuevas oportunidades que la vida le ofrece. Y con lágrimas, sudor y tristeza le dice adiós a aquellos surcos de tierra que lo vieron nacer. A lo lejos se escucha el canto del gallo mañanero, el tan- tan de la campana de la iglesia del pueblo, y así, acompañado de humildes pertenencias, emigra, dejando una estela de tristeza en los corazones de viejas generaciones.

Está es, pues, la nueva generación de guerreros que con gran osadía buscan cambiar el rumbo de la historia de sus familias.

Discusión de la siguiente línea:

"Triturando el pasado dominante".

La sombra del pasado nos persigue. No son las raíces las que nos atascan, porque éstas son parte de nuestro orgullo por nuestros ancestros y de nuestros próceres. Para muestra un botón: nuestros himnos, que son la esencia de la gloria de los pueblos, y que hombres y mujeres cantan con la frente en alto, con respeto y dignidad.

Cuándo, entonces, se tritura un pasado dominante? Cuando cuestionamos y repudiamos modelos anacrónicos de gobernar, bajo criterios y métodos que desvían el potencial del recurso humano hacia actividades improductivas, y que conlleva el esfuerzo de hombres y mujeres a una menesterosa compensación. Por ejemplo la carencia de programas sociales que vele por los derechos de los niños y resuelva sus necesidades, el adiestramiento hacia desarrollo de habilidades entre los jóvenes, programas empresariales que tome en cuenta las necesidades salariales justas y competitivas en el mercado laboral, oportunidades educativas que permitan el acceso de los jóvenes a prepararse mejor para el futuro, programas de asistencia técnica y económica para aquellos sectores productivos que necesiten asistencia para el desarrollo de sus cultivos, programas de ayuda económica para aquellas personas que pasan a retiro, son tan solo algunos aspectos de política laboral, económica, social y educativa que representan para muchos de nuestros países de América Latina y el Caribe, un pasado y un palpitante presente dominante.

Las hordas o masas de familias emigrando hacia la frontera con Estados Unidos, representan la defraudación de una promesa de desarrollo y prosperidad no cumplida, y es por eso que enarbolando la bandera de la dignidad, el progreso y respeto humano, con paso firme y corazón limpio se inicia la marcha hacia este gran país. En cada paso hombres y mujeres estarán triturando el pasado dominante.

Nuestra próxima línea de "Hermandad sin Fronteras ",es:

"Formando una masa de Chuys, Lupes y Marías"

Que es un nombre? Que es un apellido?, Es solamente una identificación? No. Aparte de ser un fruto del árbol genealógico, es producto de la amalgama gentilicia. Cuando César Mendoza deja su terruño entonces deja vacíos por doquier; un hijo a quien sus padres podrían no ver mas; un hermano que será extrañado por sus hermanos, un vecino, un músico, un poeta, un obrero, un maestro, un líder social, un deportista, un soñador que mi pueblo no tendrá. Un emigrante y la suma de ellos representa la riqueza de aquello que no pudo ser, es como dejar atrás cascarones de huevos donde todas las ilusiones fueron abortadas antes de nacer. La decisión de emigrar rompe con la armonía del tejido social y donde todo proyecto en ciernes languidece. La vida humana pierde resplandor en todo sus órdenes: tristeza en los hogares, soledad en las calles, terrenos sin cultivar, casas a medio construir, viejos olvidados, y hasta perros que extrañan a sus dueños.

Sin embargo, el emigrante rescata el abecedario de su nombre y apellido, y lo convierte en dominio colectivo al conocer a otras personas que al igual que él, busca plantar su nombre en otro país como bandera de orgullo.

Entonces nombres como"Chuy", "Lupe", "María", etc, representan el lustre y brillo que a diario son transformados en baluartes para la conquista de una nueva vida.

"Portando banderas de paz y trabajo".

El migrante representa la más clara expresión de la buena voluntad. Durante una larga travesía se expone a las inclemencias del tiempo, a las vicisitudes diarias que le aqueja, por ejemplo el hambre, la sed, el dolor, la angustia, la tristeza, la incertidumbre, el temor, el miedo, etc., pero su bandera de paz y trabajo permanece en alto. Manos, sentimientos y pensamientos se entrelazan para darle expresión a una petición que entre lágrimas brota como tabla salvadora en alta mar.

La paz y el trabajo son los elementos que fertilizan el progreso de un pueblo. La paz trae creatividad, unidad, armonía, alegría y respeto; El trabajo trae prosperidad, avance tecnológico, modelos prácticos de desarrollo, justicia laboral y seguridad familiar. Los colores de esta bandera son más intensos cuando el idealismo y la buena voluntad van de la mano.

Demacrados, cansados y hasta posiblemente indispuestos, llegan los emigrantes a la puerta grande, que es la suma de todas las oportunidades que se han cerrado en sus países de origen. Y así, esbozando una sonrisa de gozo por haber llegado a este límite, hombres mujeres y niños desmontan de la máquina de hierro (la "bestia"), y al unísono de los latidos del corazón, alzan su voz para decir: Estados Unidos,"'traigo bandera de paz y trabajo"!

'NOSTALGIA

1

Yo dejé mi tierra linda
A mi familia y a mi nación
Me iluminan los recuerdos
Que van conmigo en mi diario andar.

2

En mi barrio cuna linda
Donde yo dejé mi niñez
Sembrar la semilla quisiera
Y verla crecer;
Pisar los surcos que dan la vida,
Reír, llorar; silbar, cantar.

3

Como extraño las comidas

Y las costumbres de mi país,
Las tardes domingueras
Con aromas a maíz.
                    4
Calma mi tierra linda
Los recuerdos son mi fuerza
Mis ansias abrazan mi destino
Mi destino abraza mis sueños.
(La nostalgia es el aroma del recuerdo.)
Continuamos con la línea número tres de "Hermandad sin
Fronteras".
#3:
"SUPLICANDO TU PROTECCIÓN"
"Suplicando apelamos a tu comprensión"
"La comprensión fortalece a los pueblos"
"Queremos integrarnos a tu progreso"
"Queremos manifestar nuestra identidad".

Ahora vamos a aplicar nuestra discusión a la línea:
" Suplicando tu protección".
La travesía de miles de kilómetros es para tomarlo muy en serio.
Tiene que existir un desamparo de alguna fuente obligada y
responsable de proveer protección. Los pueblos crecen al
amparo de una línea gubernamental democrática y humanitaria.
Creer que solamente en el ejercicio del derecho de voto se
expresa el espíritu democrático, no es suficiente; hay diversas
líneas en el ejercicio de liderazgo democrático que hay que
cumplir para que las necesidades de un pueblo puedan ser
satisfechas; he aquí algunas: salud; un pueblo enfermo no
conoce el progreso; educación, un pueblo inculto no conocen la
superación; economía, un pueblo que no ahorra sobrevive en

números rojos; cultura, un pueblo que no apoya sus tradiciones carece de orgullo; música nativa, un pueblo que no dignifica a sus artistas, atraviesa por una catástrofe social y ética; estos rubros no satisfechos conllevan a los ciclos de pobreza y miseria.

El emigrante al iniciar su camino lo hace con el corazón contrito, víctima del desamparo, y que será un número más de los olvidados. Es por eso que antes que este sentimiento de abandono apague sus ansias de superación, decide demostrar su valía, y vislumbrando un mejor futuro emigra a tierras de provecho. Es por eso que la línea" Suplicando tu Protección", podría expresarse algo así como:" Dame tu aceptación y yo te daré mi fuerza y capacidad del trabajo".

" Honestamente apelamos a tu comprensión"

La comprensión es la resultante de una filosofía de vida con proyección humanista. Las ramificaciones de esta filosofía puede apreciarse en gestos como el altruismo, la filantropía, las donaciones, las aportaciones, la ayuda ante emergencias, o simplemente darle a alguien una pequeña cantidad de dinero para que pueda sufragar sus necesidades. Pero en un plano más elevado, esta filosofía a nivel gubernamental se proyecta como humanitaria. En este plano la empatía es la clave de la comprensión. Comprender al emigrante: sus temores, sus esperanzas, tus sueños, sus sufrimientos, sus frustraciones, y el pánico de un retorno obligado, desemboca en la actitud de pasar del plano de la observación al plano de la acción; del plano de la indiferencia al plano de la conciencia social; del plano del rechazo al plano de la aceptación; del plano de la intolerancia al plano de la tolerancia; del plano de la desintegración al plano de la integración.

Desarrollar la vida social bajo el concepto de la filosofía humanista, le confiere un fondo saludable a las ínter-relaciones entre sus miembros. Ese interés volcado hacia el bienestar social colectivo, concede las bases para el surgimiento de un valor moral muy elevado, como es la compasión. De esa riqueza interior se desprenden todas aquellas acciones que enorgullecen al ser humano, por lo tanto, comprender el fenómeno migratorio es un acto de compasión.

" La comprensión fortalece a los pueblos".

Variantes como" ser fuertes", "tener fortaleza", "tener fuerza", son frases que se aplican a individuos, grupos o sociedades. La ausencia de fuerza no necesariamente es antónimo de debilidad; en el caso en que lo estamos tratando, nos referimos a esa cohesión intrínseca que amarra, por así decirlo, el vínculo del individuo, o grupo hacia sus metas, y de una sociedad hacia su supervivencia. Entonces, cuál es el elemento que mantiene unido al individuo consigo mismo, de grupo a grupo y de sociedades a pueblos?, a mi entender es la comprensión. Comprender los problemas personales, comprender la dinámica social, y comprender la problemática social, enfoca el pensamiento hacia soluciones prácticas, obteniendo un mejor entendimiento con el entorno.

Buscar la fortaleza a través de la comprensión es un paso positivo hacia el equilibrio y la armonía. Cada nueva generación se nutre de la madurez de los adultos para tomar decisiones. El legado que una sociedad puede dejar a las nuevas generaciones, es a través de la manera en que enfoca y resuelve sus problemas. La emigración es un fenómeno social, que sirve para definir el carácter moral de nuestros líderes encargados de resolver la estadía de personas que buscan protección. Ser fuertes como sociedad nos permitirá tomar decisiones justas.

Ahora vamos a discutir sobre la siguiente frase de 'Hermandad sin Fronteras':

"Queremos integrarnos a tu progreso".

Que es realmente el progreso? una forma práctica de vida?, una forma rápida de vida?, una forma lujosa de vida?, una forma cómoda de vida? una forma dinámica de vida?, una forma de ahorrar tiempo mediante el uso de aparatos de tecnología avanzada?. una forma de vida que asegura el futuro? Estas interrogantes se entienden mejor cuando cuestionamos nuestras propias condiciones materiales de vida. Cuáles son esos signos que en nuestro entorno causa insatisfacción?: Ocupar una plaza con salario miserable; pedir fiado la comida; pedir préstamos anticipados con base al salario; soportar la presencia de cobradores; no tener dinero para gastos de vacaciones; no tener dinero para continuar estudios; tener temor de pedir un aumento salarial porque te despiden; quitar el frío en Navidad con el misma abrigo año tras año; sí, a esto se le llama pobreza (aunque en ciertos sectores de la sociedad pueda apreciarse el progreso), cómo se explica esto? Simplemente no hay programas del resucitación económica para un grueso sector de la sociedad. La pobreza se hace anacrónica, algo así como parte de la idiosincrasia y turismo de la ciudad, a las que finalmente les llamamos "estampas pintorescas".

El aceptar las condiciones de vida paupérrimas de una sociedad, propicia la negación de una realidad que a todas luces golpea el bolsillo y aspiraciones de un pueblo. Obviamente que sí se puede vivir modestamente, pero esta es una decisión personal estando dentro de la burbuja del progreso.

Es por eso que el emigrante alza su voz a todo pulmón para ser protagonista del progreso conjunto, y mediante la alianza de

voluntades, el emigrante quiere participar en ese esfuerzo colectivo hacia el progreso sin temor a ser desplazado.
Adelante pues, con nuestras discusión: de "Hermandad sin Fronteras". En la línea tres encontramos la frase" Queremos manifestar nuestra Identidad"
Los efectos de una comunidad marginada dentro de los límites de un pueblo, ciudad y/o nación, es un desastre por la falta de cohesión de sus miembros, favoreciendo el surgimiento de la frustración, desesperanza y algunos signos de violencia. Ser ignorado como parte activa de un conglomerado, afecta el logro de objetivos personales,; si varias personas no logran sus objetivos , y si suman cientos y miles, entonces estaremos presenciando un desastre social.
Siempre hemos escuchado que la familia es el núcleo de una sociedad. En cada familia hay una dinámica que apunta en diferentes direcciones, pero que a la postre todas tienen que desembocar con resultados positivo, o al menos eso es lo que esperamos. Las posibilidades de alcanzar los objetivos sufre de muchas vicisitudes que los padres no pueden tener bajo control, aunque si pueden reconocer sus causas, pero se sienten impotentes por no tener bajo control los factores externos que las provocan.
La plática cotidiana entre vecinos gira en torno al alto costo de la vida, el alto costo de medicina, la falta de seguimiento médico para algún miembro de familia, la interrupción de los estudios para contribuir al ingreso de la familia etc.; este es el bálsamo depresivo que ensombrece el futuro para muchos.
Paulatinamente van surgiendo los sentimientos de baja autoestima, los momentos alegres en familia, y podemos presenciar como la violencia intrafamiliar es más frecuente; resultado: el sentido de pertenencia hacia una sociedad explota

con signos de frustración. Finalmente estas familias llegaran a engrosar las estadísticas dentro de los estratos más vulnerables y más necesitados.

Pero esto no es todo; estos sectores desposeídos se sumergen aún más en las aguas oscuras de la economía informal. La estratificación de un modelo económico informal, establecerá lazos entre sus miembros que a todas luces pretende ocultar un exiguo ingreso. Pero la fresa que adornará este "pastel" será el epíteto de masas, nombre con el cual se quiere señalar despectivamente a individuos ignorados por una sociedad. Economía sumergida huele a identidad social sumergida también. Muchos individuos pertenecientes a la clase media, a la clase media baja y a la clase baja, desde el punto de vista económico, sienten que sus aspiraciones para subir de estrato social, pasa inadvertido para los servidores públicos que tienen la obligación de planificar modelos económicos de desarrollo para todos los estratos sociales. La ausencia de estos modelos económicos provoca un sentimiento de inutilidad laboral, y la identidad del poder humano en el nivel laboral sufre una caída. Desde un punto de vista optimista cada individuo es potencialmente alguien capaz de impulsar y provocar cambios en su entorno laboral, siempre y cuando se le provea de suficiente entrenamiento en una rama específica del trabajo, se imprima la ética laboral y valores en cada faceta del trabajo; se participe de un compañerismo cooperativo y se estimulen sus esfuerzos con recompensas, Creemos que el resultado del trabajo de todos, sea producto tangible o servicio, debe ser competitivo en el mercado interno y externo. Es necesario, pues, recuperar esa confianza del potencial laboral de manera absoluta, para que cada individuo crea en en si mismo como

agente de cambio, capaz de dejar un legado de identidad positiva
como dueños de su futuro.
Entonces, cuál es la consecuencia lógica de esta debacle social?
Pues, el reto para todo un conglomerado social olvidado,
estigmatizado y frustrado. Cuál es el reto? otorgarle al país que
han adoptado como segunda patria, la identidad más
resplandeciente y honrosa que un hombre de bien puede
mostrar: dignidad y voluntad de trabajo.
Si, nadie camina miles de kilómetros para una entrevista de
trabajo, sino lleva en su corazón el clamor de una familia
desesperada por resurgir de las cenizas. Y esta es la forma más
honesta de plasmar la identidad en tierras benefactoras.

#4:
"TENGO MI HOGAR"
"Soy rico en valores morales"
"Soy ejemplo de fortaleza para los míos"
"Traigo el legado productivo de mis padres"
"Déjame plasmar mi huella en tus tierras".

Analizando la estrofa número cuatro en su totalidad, me hace
pensar en una bóveda de Banco que contiene verdaderos tesoros
en diamantes de altísimos quilates, documentos de valiosas
propiedades, joyas y colecciones de artículos exóticos. Sí, lo
anterior podría estar valorado en miles o millones de dólares,
pero la esencia intrínseca del ser humano no tiene parangón.
Obvio, reconocemos la riqueza en la bóveda bancaria por su
garantía como tal, pero también le damos un valor extraordinario
a la integridad de un hombre.
"Tengo mi Hogar"
Discusión:

Aún las familias más pobres y viviendo en estado de
marginación procrean, como un proceso natural de re-
inventarse. Probablemente pasen muchos años antes que haya
una multiplicación de bienes, pero en cada amanecer,
metafóricamente hablando, se celebra el nacimiento de un nuevo
ser. El regalo de la vida es fecundo, como los surcos de la tierra
y el vientre materno. La naturaleza se confabula para celebrar la
vida de una humilde familia con el canto del gallo mañanero, el
delicioso aroma de café con su mezcla de tortilla, el canto y
grito destemplado de un muchacho, el golpeteo de manos
haciendo las tortillas, el relincho de un caballo, el voceador de
periódicos, el motor ruidoso de una destartalada camioneta, y los
tibios rayos del Sol que se cuelan por la ventana, o
posiblemente por una grieta en el techo.
Bueno, con la descripción anterior estaríamos hablando
estructuralmente de una casa y sus encantos, pero básicamente
un hogar lo constituye la familia. Tener un hogar es sinónimo de
objetivo, sinónimo de buscar la felicidad, sinónimo de amar el
orden y la responsabilidad, sinónimo de poder adquirir
compromisos, sinónimo de resolver problemas, sinónimo de
inculcar valores, sinónimo de trazarse metas, sinónimo de ser un
héroe para los hijos, etc. Tener un hogar para el emigrante es
haber dado un paso adelante hacia la madurez social, moral,
intelectual y laboral. Lo anterior no es una imagen idealizada del
emigrante, sino una concepción justa y digna puesta a toda
prueba.
Discusión de la frase:
"Soy rico en valores morales" es un concepto íntimo de lo que
se posee y se proyecta. Caminar con la frente en alto, con
hidalguía y orgullo personal, es una tríada perfecta para hacer
camino. Aún los metales más fuertes se oxidan y sobreviene la

herrumbre. Pero el caminante emigrante viene vestido de una armadura que soporta el sol, la lluvia y el frío de manera estoica, apartando con su tenacidad todo maltrato que doblegue su dignidad. Son los verdaderos caballeros andantes que surcan maizales, desiertos y montañas con la fortaleza de un cruzado. Llegar a tierra firme en busca de protección y trabajo, y acompañado de una "joya preciosa" como son los valores morales, es como si llevara en su interior la magia de transformar una vida en riesgo para convertirse en salvador y adalid de los suyos, dejando atrás su frontera. Esta tarjeta de presentación con ribetes de oro, es única e intransferible por el enorme sacrificio que representa.

La siguiente línea:" Soy el ejemplo de fortaleza para los míos", aparentemente puede que se lea fastuosa y vanidosa, pero en realidad es una convicción que puede soportar toda la crítica y dudas al respecto.

El emigrante es ejemplo no sólo de fortaleza sino de muchas cualidades, entre ellas, la fe en que su decisión de emigrar traerá beneficios a los suyos, la perseverancia ocultando su cansancio, sus temores y sus flaquezas, su tenacidad de mantener firme su decisión, y el sentido solidario hacia su familia.

Cuántas veces nos hemos quedado maravillado ante castillos del medioevo, que parecían impenetrables e inexpugnables; impresionantes estructuras de piedra de colosales dimensiones. Pero en mi opinión esto bastiones de antaño no se comparan con la fortaleza psíquica, moral y espiritual del emigrante.

A continuación una frase más de la línea número cuatro de" Hermandad sin Fronteras".

'Traigo el legado productivo de mis padres".

El trabajo tesonero de nuestros padres es el legado y precioso ejemplo de una actitud positiva hacia el trabajo. La entrega absoluta, real y venerada hacia las tareas diarias por parte de los padres, a dejado una huella indeleble en la mente y espíritu de los hijos. El imborrable recuerdo de gruesas gotas de sudor en la frente; pies calcinados por el ardiente surco donde crece la semilla; camisas mojadas por el ardiente calor; espalda encorvada por el diario quehacer; el quejido silencioso al final de la jornada; y la bendición de los alimentos en el seno de la humilde familia, son tan solo algunos de los destellos del precioso legado de fortaleza de padres valientes y estoicos. Un legado es, por naturaleza, una herencia social, labrada y cincelada por años de lucha, esfuerzo y vocación al trabajo. Un legado nos permite seleccionar lo mejor de él, y que dé brillo y tono a nuestro carácter: firme y tenaz, necesario para nuestro andar por la vida.

La palabra "productivo" no pretende insinuar la masificación de un producto. Por el contrario hace énfasis en el sentido permanente y dinámico, considerada como actitud de entrega y gusto por el trabajo.

Es así como el emigrante viaja y camina con un brillante y sensitivo legado bajo el brazo, estampado en su espíritu, cómo si fuera un pasaporte que garantiza su absorción como un emigrante responsable, digno y probo.

Y así, continuando con nuestra discusión de la línea cuatro, leemos la siguiente frase":

"Déjame plasmar mi huella en tus tierras".

He aquí dos huellas memorables imperecederas de la raza humana: históricamente hablando la primera son los dibujos de arte rupreste, en las cuevas de Altamira, en España, que reflejan las primeras experiencias del hombre primitivo con su mundo; luego tenemos la llegada del hombre a la Luna, hecho histórico que eterniza la conquista del hombre por el espacio sideral. El objetivo de toda huella humana es hacer historia. Entonces, cómo se hace historia? Haciendo algo significativo y grande, muy grande. Veámoslo de esta manera: el emigrante ha elegido a los Estados Unidos de Norteamérica, como el país más importante del continente americano para plantar físicamente sus pies en esas tierras y, luego, plasmar con su obra y trabajo los lazos de unidad y productividad, y crecer juntos para la grandeza de este gran país. Acaso no es esto algo grande? Estados Unidos fue fundado por inmigrantes, hombres y mujeres con una clara visión de sus planes y objetivos: fundar una gran nación para todos y de todos. Porqué para todos? Porque su filosofía social era y ha sido única y extraordinaria, en el sentido de darle la bienvenida a personas de diferentes razas que aman la paz y la libertad; y por qué es una Nación de todos? Porque el orgullo de mantener el espíritu libertario y su vocación democrática, hace posible la convivencia con todas sus comunidades.

La decisión del emigrante al elegir a Estados unidos de Norteamérica como su segunda patria, va más allá de un simple cambio de territorio,: es el paso gigantesco de un individuo o familia de una zona a otra, que busca fortalecer la visión telescópica de Estados Unidos hacia el futuro, y humanizar su sensibilidad hacia una conciencia social de respeto y espíritu de unidad.

Iniciamos ahora la unidad número cinco de nuestra composición :"Hermandad sin Fronteras".

#5:

"A MIS HIJOS TAMBIÉN"

"Progenie que estira la célula social"

"Que enlaza sus metas con la red social"

"Descendencia que busca la paz social"
"Mensajero de negocios con una razón social".

Discusión:
"A mis hijos también".
Un plan de vida está enfocado a dar protección a nuestros niños
que son la base del futuro, así como proveerles una mejor
calidad de vida. La estructura de una sociedad responsable
incluye a niños y jóvenes en vías de convertirse en ciudadanos
responsables. El arribo a los 18 o 21 años, no implica
necesariamente el uso de un criterio responsable ante las reglas
sociales que la sociedad impone.
 Los hijos que acompañan a la familia emigrante tienen perfilado
un esquema social responsable, y donde el comportamiento de
los padres refleja lo que se espera de los hijos.
La presencia de los hijos con sus padres es el mejor testimonio
en la seriedad de una jornada itinerante hacia una mejor vida.
Solamente un criterio maduro y responsable, sabe cómo y
porqué exponer a los niños a los muchísimos riesgos, tanto
ambientales como humanos, pero donde la recompensa es la
seguridad, estabilidad y progreso. Y este es el mensaje tácito que
el padre emigrante da a sus hijos cuando ingresa a los Estados
Unidos de Norteamérica: qué el esfuerzo no será en vano, y les
trasmite la fe inquebrantable en el éxito de la jornada y la
esperanza en la aceptación de su petición de asilo.

Discusión sobre la frase:
"Progenie que estira la célula social".

Más allá de los abuelos y tatarabuelos se define la ascendencia familiar de una persona, y por ello se escuchan expresiones como:" familia ilustre", "familia de buena cuna"," familia de alta alcurnia".

La progenie del emigrante podría considerarse como su ascendencia de dos generaciones atrás, y aunque pomposamente nos encontremos características o rasgos ilustres en su ascendencia, merecen nuestro respeto. Hay factores que podrían considerarse como muy propios de una buena familia: apellidos pertenecientes a la clase monárquica; capitanes de la industria que representan un liderazgo empresarial; familias adineradas con apellidos que representan una fundación filantrópica; sin embargo, estas características no son las del emigrante común; en este sentido estamos hablando de una progenie cuya ascendencia a vinculado su apellido hacia una proyección de valores muy especial, que se ha transmitido de familia familia; de individuo a individuo. Así, el apellido se "estira " de familia a familia, y el núcleo familiar y social tiende a expandirse.

Discusión de la frase:
"Que enlaza sus metas con la red social".
La solidaridad entre los miembros de una comunidad es un factor necesario e importante para la armonía y logro de objetivos. El egoísmo, el mezquino interés personal, el fraude, el engaño, la mentira, la adulteración en la calidad de bienes, son elementos que llevan a la deriva toda economía. Ninguna sociedad puedes resistir-o por lo menos no por mucho tiempo-, una falsa sustentación con tanta mesquindad. Todo programa de desarrollo, si lo definimos como el esfuerzo común hacia el bien común, debería ser transparente y objetivo. Estos dos factores,

harían posible la credibilidad para que las nuevas generaciones sumen sus esfuerzos y vean los resultados ya previstos.
Cuando los miembros de una sociedad se comprometen a enlazar sus habilidades y recursos con transparencia, se obtienen resultados comerciales que alegra y une a todos y cada uno de sus miembros.
Este es el detalle más importante del emigrante en cuanto a su actitud hacia el trabajo. Hay solidaridad hacia los compañeros y metas empresariales; rechaza al egoísmo y comparte sus habilidades; no busca la ganancia a través de una imagen falsa de sí mismo, nos deforma la calidad y cantidad de un producto con fines personales, o sea, hay transparencia en su diario quehacer impulsado por el orgullo hacia su propio apellido, es decir una progenie con nexos sociales saludables, con fines a resolver necesidades de una sociedad.

Discusión de la frase: "Descendencia que busca la paz social". Si la existencia de un apellido honorable y su desarrollo de actividades incuestionables fomentan el orgullo en la familia, así también, la descendencia de los padres, o, sea los hijos de los padres presentes, tienen una gran responsabilidad por mantener limpio el apellido y la imagen de los padres.
Este tácito respeto y orgullo, trasciende a los diferentes niveles de contacto social de la familia y su entorno. Se busca servir antes de sacar ventaja; se busca escuchar para luego entender; se busca pacificar antes de agredir; se busca comprender para luego llegar acuerdos; se busca la tolerancia antes que la crítica; se busca apaciguar para luego persuadir; se busca prevenir antes de lamentar; se busca situarse en los zapatos del otro antes de juzgar. Una actitud mental positiva y un código de conducta apropiados, fomenta la armonía y aligera la carga de nuestro

prójimo. Pareciera que estoy promoviendo el moralismo barato, ingenuo y falso, pero nada más lejos de esto. Las sociedades que sustentan sus relaciones bajo lineamientos de sana y honesta moralidad, hacen relaciones duraderas y productivas. De qué otra manera entonces, un legado se abre paso? Alguien dirá: el individualismo y el interés mezquino se abrirá paso, y como vendaval arrastrará los buenos propósitos de la buena gente. Salgamos de la sombra de este último comentario; la confianza con cautela es nuestra mejor opción. Dar un paso adelante frente a la sensación de emociones saludables, es beneficioso para la salud mental y nuestro bolsillo

Quiero pensar que el emigrante busca la honestidad y confianza mutua en esos múltiples contactos. No puede engañarse a sí mismo. Que caso tiene, pues, viajar miles de kilómetros y exponer a los hijos y esposa a muchos riesgos? Estamos hablando entonces de individuos viajantes con una mentalidad positiva, que busca la paz y la armonía; y que esa paz será como el pan de cada día, que impulsará sus propósitos y dará estabilidad y alegría a su familia.

Discusión de la frase:
" Mensajero de negocios con una razón social".

Definitivamente, el emigrante ha roto el cordón umbilical con su tierra natal. Ha decidido emigrar sin mirar atrás, sintiendo la nostalgia profunda por las personas buenas y cosas humildes que deja. No hay mezquindad en esta decisión en la que el corazón quiere quedarse y la mente pugna por volar. Esta lucha interna se resuelve finalmente entre llantos y el primer paso; entre llantos y promesas, entre llantos y besos, entre llantos y abrazos, Y finalmente, entre llantos y más llantos.

El emigrante es un individuo emocionalmente complejo, pero con la clara perspectiva de lo que quiere para él y los suyos. Las lágrimas se quedaron atrás y emigrante y familia habrán sellado un pacto de amor hacia el progreso.

Ser alguien en tierra nueva es el nuevo reto; aprender y desarrollar habilidades será el motor en las actividades cotidianas; oficios y estudios estará en la mira del emigrante. Aquel primer paso en su tierra natal hacia nuevas tierras, se convierten ahora en saltos en busca de nuevas oportunidades, las que finalmente crearán las alas para alcanzar sus sueños.

Si bien un trabajo estable es honra y bendición, tener un negocio propio viene a ser un objetivo muy importante para el emigrante. La independencia económica es importante para impulsar la economía de un país. Aquellos que buscan este objetivo son los que se plantean dar a sus inquietudes comerciales una razón social. El emprendedor empresarial a nacido!

Lïnea #6:
"DANOS LA LEGALIZACIÓN"
"Queremos circular como moneda en curso"
"Queremos pedir y no exigir"
"Queremos dejar huella histórica"
"Queremos que nuestra mano estreche la tuya".

Discutiremos ahora sobre la línea número seis:" Danos la Legalización".
El clamor es unánime y a una sola voz se escucha" legalización!". Para algunas personas esta palabra representa la vida, porque la legalización estaría protegiendo a personas cuyo retorno a su lugar de origen es como una sentencia de muerte. Esta es una perspectiva sombría que atormenta a individuos y

familias, que han pasado por experiencia traumáticas en su lugar de origen, provocado por la inseguridad social.
Es obvio que existe un antecedente conflictivo salpicado de temor entre comunidades y grupos antisociales que pretenden sembrar el terror y sacar provecho de los moradores.
El decrecimiento de una calidad de vida digna y la insuficiente protección a las comunidades, obliga a acrecentar el fenómeno de emigrar, medida inteligente que es imitada por miles de personas.
La palabra "legalización" podría figurar como el primer vocablo con un significado universal comprensible en cualquier idioma o lengua: sobrevivencia. El cuadro humano de dolor y angustia, quedaría subsanado al conceder la legalización. El hambre de un niño, el llanto de una madre y la soledad de un futuro incierto, pasaría al trasfondo de la historia humana para dar cabida al renacimiento de elevados valores humanos.
Sí a la legalización; Sí a la sobrevivencia; Sií a la compasión.

Discutiremos ahora sobre la frase : "Queremos circular como moneda en curso".
La credibilidad es el resultado del buen uso del criterio y la moral en los contactos cotidianos, y que eleva la autoestima de los miembros de una comunidad. Saber que se gana respeto y confianza en los negocios, en el trabajo y en las conexiones sociales diarias, tiende a fortalecer esas conexiones y con ello garantizar el beneficio colectivo a raíz de esa confianza.
El emigrante da lo mejor de sí mismo para alcanzar los fines de una sociedad en constante desarrollo. El autor de este libro es una prueba fehaciente de lo mucho que puede aportar un empleado en su trabajo. Un programa de estímulo laboral denominado:" El empleado del mes", fue adaptado en mi centro

de trabajo y para mi sorpresa yo fui el primer "Empleado del Mes " de la compañía. Eso llenó de orgullo a mi familia y a mí, por supuesto.

La moneda en curso no deja dudas que lo es: confiable, con un valor económico inalterable, y legal para las transacciones diarias.

Por lo tanto, con la legalización en el status migratorio. el impulso creativo, el desarrollo de habilidades y la ética laboral afianzaría más los lazos entre los miembros de esa sociedad que busca pujanza económica.

Discusión sobre la frase: " Queremos pedir y no exigir".

Es impropio exigir una legalización cuando no hay lógica ni fundamento legal que ampare tal proceder. La exigencia es la antítesis de un proyecto pacífico personal o familiar hacia una legalización, porque podría ser la resultante de la beligerancia, interpretada como una actitud que condiciona una exigencia.

El respeto es el principio básico de toda ínter- relación. Enarbolando el respeto como bandera, se sientan las bases para una petición civilizada. Principio fundamental, pues, es el respeto para interponer una petición que involucre los mas nobles sentimientos de adaptación, tanto al protocolo como el proceso legal, y a las personas encargadas de pro-seguirlas y tomar decisiones jurídicas.

Iniciamos ahora la reflexiones a la frase: "Queremos dejar huella histórica".

Las pequeñas historias hacen la columna vertebral de una sociedad. Modelan el perfil de la conciencia colectiva y salvan del olvido a toda su estructura social. La frase "de dónde venimos y adónde vamos", cobra aquí un significado único, donde la idiosincrasia, la pujanza y valores morales, quedan

plasmadas a diario en pequeñas y grandes detalles y obras, que identifican a los miembros de una sociedad con su futuro.
Los emigrantes también quieren participar de esa dinámica social. Tienen mucho que aportar y quieren ser artífices del progreso conjunto de la nación a la que pretenden pertenecer. El emigrante y su nuevo proyecto de vida no construye su futuro en una fantasía, ni guarda sus esperanzas en un castillo de naipes o un castillo de arena; sus proyectos de vida son tan fuertes como los cimientos de la "Estatua de La libertad".
Por lo tanto, al igual que en los relieves y la superficie de la "Estatua de la Libertad" quedan plasmadas las huellas dactilares de miles y miles de inmigrantes y visitantes, el emigrante ansía dejar huella histórica en toda la superficie de la Unión Americana.
Nuestra discusión para la frase:" Queremos que nuestra mano estreche la tuya".
Literalmente estrechar una mano es sinónimo de armonía y colaboración.
Dos manos que se unen implica aceptación y congratulación. Y así, el apretón de manos tendría mas significados. Aunque para el autor de este libro, figurativamente, es como alguien que estira su brazo y abre su mano para agarrar la mano del hombre que se hunde en las aguas de un turbulento mar.
Sin dramatismo, esta analogía se presta para nuestra discusión. El emigrante arrastra un sufrimiento que le llega hasta la médula de los huesos. Atraviesa por un estado emocional donde la vida pierde su color porque la supervivencia propia, de la esposa e hijos está en riesgo. No ve salida a su problemática, clama por ayuda pero no hay mano que se extienda hacia la suya. Al dejar su suelo natal, literalmente viene con las manos extendidas, abrazando todo amparo y compasión. En ambas manos hay

carga positiva para aumentar el sentido de solidaridad a su paso.
Muchas personas se sentirán impresionadas y emocionalmente
impulsadas a abrir sus corazones, para aliviar la carga y
sufrimiento del emigrante y su familia.
Entonces, el apretón de manos va más allá de todo formulismo
social. Para el emigrante es la respuesta afirmativa de una
sociedad sensible y comprensiva ante la miseria y sufrimiento
humano.

Entramos ahora a la línea número siete de nuestra composición:
"Hermandad sin Fronteras"

.

#7:
"MUESTRO ANTE TÍ"
"Una conciencia social saludable"
"Una vida de lucha y sueños"
"Un corazón que alimenta sus metas"
'Un sentido de agradecimiento profundo"

Discusión:
En bloque la estrofa anterior presenta al emigrante capaz de
hacer una connotación de sí mismo como un ser social
palpitante, actuante y profundamente sincero, capaz de abrir
puertas laborales que alimenten su día a día y sus esperanzas
Qué hay acerca de la frase: "Una conciencia social saludable":
La frase anterior es la síntesis y balance de la auto percepción
del emigrante, como:
Buenas salud corporal, saludable presencia física, mente
perspicaz orientada al éxito, y un espíritu positivo que no se
deja vencer por los obstáculos. En este sentido el emigrante se
percibe a si mismo como una persona apta, capaz de continuar el

relevo de la antorcha del progreso. Este coraje por la superación e integración dentro de una comunidad laboral es, precisamente, uno de los sueños primarios que le permitiría alcanzar estabilidad, y hacer crecer esperanzas y sueños en las nuevas generaciones.. En este contexto, y a la luz de esta interpretación, una conciencia social saludable es tan importante como un pasaporte válido.

"Una vida de lucha y sueños";

La vida para quienes hemos vivido en países considerados como "tercer mundistas o en "vías de desarrollo", tiene sus altibajos y en muchos casos se perpetua con una insoportable mediocridad. La noticia de los índices son más frecuentes que las noticias de nuevas obras de infraestructura, de nuevos puestos de trabajo; de la construcción de nuevas escuelas, del incremento de salarios, del intercambio cultural de estudiantes, de nuevos programas de estudio acordes a la tecnología y progreso laboral, de un enlace de aprovechamiento educativo de la primaria a la secundaria; de la secundaria a vocacional; de vocacional a la universidad; de la universidad al mercado laboral, de un programa de vacunación infantil a un programa de salud preventivo a nivel nacional; pero todo lo anterior permanece en el trasfondo del quehacer gubernamental, en contraste, los índices están a la orden del día: índice de pobreza; índice de criminalidad; índice de la deuda pública; índice de salarios bajos; índice de enfermedades en zonas indígenas; índice de analfabetismo; índice de ausentismo escolar; índice de mortalidad infantil; índice de desnutrición infantil; índice del consumo de alcoholismo; índice de delincuencia; índice migratorio; etc.

Contra toda esta marea retrógrada tiene que enfrentarse a diario el futuro emigrante. Si a lo anterior le añadimos el despilfarro del dinero público, además de juicios verosímiles a ex - presidentes corruptos, entonces los horizontes para un mejor futuro del ciudadano común y corriente se estrecha o desaparece.

Y así, bajo esta nefasta constelación de desastre económico - social, las ilusiones surgen como vapores de un Geiger en el emigrante y preparan el camino del adiós a la tierra que lo vio nacer. Se cierra el capítulo de una vida de lucha y sueños estéril.;

Discutiremos " Un corazón que alimenta sus metas".

El ser humano se plantea diferentes metas a lo largo de su vida, y éstas están en relación directa con la calidad de vida para él y para los suyos. Algunas de estas metas son personales, como correr una maratón, hacer ejercicio en el gimnasio, cambiar su dieta alimenticia, buscar la superación mediante el estudio o adquisición de hábitos saludables, etc. pero hay también metas que marcan el estilo de vida de una persona, tan radicalmente, que éstas son a corto plazo y que involucra un total cambio de ambiente o entorno.

El emigrante cuando plantea dejar su país no cambia sus metas, es la misma: satisfacer el ansia de una mejor calidad de vida para él y su familia. No cambia la dirección de sus sentimientos, no cambia la fuerza de sus impulsos, no cambia el celo paternal por la protección hacia los suyos, nada de eso cambia; lo que cambia es la zona geográfica y su entorno.

Él necesita un entorno que sea factible, promisorio y estable en cuanto a condiciones sociales y económicas se refiere. El motor y energía para ese cambio de entorno está en el corazón, que ni las mareas de la desesperanza han podido doblegar; fuerza y propósito es su nuevo código hacia el progreso.

Discusión de " Un sentido de agradecimiento profundo".

"Gracias";" Muchas gracias"' ; es la frase universal por excelencia y que extiende la calificación de una persona a los ojos de los demás. Su significado es tan profundo, como el sentimiento que le acompaña al ser expresada.

En esencia, un gesto placentero, una atención o un favor, tienen la característica de despertar en nuestro sistema de valores, nobles sentimientos hacia la caridad. El sentido de agradecimiento profundo, afianza los lazos de unidad y armonía del emigrante con su comunidad. Una persona agradecida aporta a su comunidad los ingredientes necesarios para planificar el desarrollo.

A mi mente viene una serie de experiencias visuales en las que personas de éxito quieren compartir con su comunidad buena parte del éxito económico que han conseguido. Sin afán de mencionar nombres pero si de mi interés por rescatar gestos altruistas, quiero mencionar el más reciente de ellos: en California, a raíz de la política gubernamental de inmigración, sobre la separación de familias, y ante el impacto emocional que en sus protagonistas, padres y niños provocó en la sociedad norteamericana, una pareja de esposos de alto perfil económico, anuncio que donaría miles de dólares a padres separados de sus hijos para el pago de abogados en la defensa de sus casos en Corte.

Este gesto humanitario y filantrópico, podría ser un ejemplo de lo que he llamado: "Un sentido profundo de agradecimiento", por unir familias y corazones.

Ahora haremos una discusión de la línea ocho de 20, de "Hermandad Sin Fronteras"

Línea #8 (de 20).

"UNA HISTORIA DE FE"
"Estandarte de padres inmigrantes"
"Enarbolada por César Chávez"
"Impulsada por Jaime Escalante"
"Musicalizada por Gustavo Dudamel".

Discusión:
Toda emigración es un historia de fe. Fe en que todo saldrá bien; fe en qué volveré a ver a mis padres; fe en que aceptarán mi solicitud de asilo; fe en que mi familia estará unida; fe en que trabajaré; fe en que mis hijos serán inscritos en escuela; fe por encontrar un apartamento, fe en mantenerme saludable para trabajar; fe en que los líderes sociales me ayudarán a impulsar mi petición de asilo, etc. Asimismo, hay historias de fe trascendentales como la enarbolada por César Chávez, el gran líder campesino que luchó por mejorar las condiciones laborales en el campo y, por ende, la calidad de vida del campesino. Otra historia de fe es la impulsada por Jaime Escalante, hombre de ciencia que sirvió de modelo e inspiración a cientos de jóvenes en las escuelas, motivándolos a continuar sus estudios y dar el 100% del esfuerzo para poder graduarse. Una tercera historia de fe es la de Gustavo Dudamel, el genial director de la orquesta sinfónica de Los Angeles; tres líderes, tres disciplinas, ejemplo insuperable de personas con talla profesional y moral impecable, dejando huella histórica por sus trascendentales historias de fe. Estos tres grandes líderes sociales figuran en los archivos de bibliotecas de la nación americana, lo cual nos hace sentir orgullosos de sus obras. El emigrante común y corriente, tan solo espera una oportunidad para impulsar el contenido de su mente y espíritu en actividades de beneficio colectivo y personal, y continuar con la cadena de exitosas historias de fe.

Continuamos con nuestras discusión al bloque número nueve de
"Hermandad sin Fronteras", la cual nos habla del contenido
vital que conforma la historia de fe del emigrante.

Estrofa #9:
"DE RESPETO Y VOLUNTAD"
"Hay legado de valores familiares"
"De tradiciones y artesanías"
"De cooperación y aprendizaje"
"De forjar semilla nueva en tu tierra ".

 El respeto y la buena voluntad son dos actitudes básicas para
mantener sana la convivencia en sociedad. Los miembros de una
sociedad son susceptibles de percibir las señales que implica
tranquilidad, o sea una convivencia pacífica, como elemento
esencial para la división del trabajo. Estas dos actitudes se
espera que se manifiesten en el comportamiento diario del
emigrante. Cómo es que estas dos actitudes se forman en el
emigrante latino? Sencillamente porque los lazos familiares son
muy fuertes entre sus miembros, y hay una permanente
observación del adulto en los menores para que estas actitudes
sean consistentes. En las visitas familiares y en todo evento
social, la presencia de respeto y la buena voluntad se hacen
evidentes. El reforzamiento de esta práctica involucra
recompensas a los niños y jóvenes y motivarlos a que sean
respetuosos y accesibles en el trato social.
El legado de valores familiares, es también otro de los elementos
y que orgullosamente están contemplados en el estandarte del
emigrante. Reconocemos los valores cuando son expresados en
los diferentes momentos de la vida. Estos son transmitidos de

padres e hijos y reforzados bajo su observancia. En momentos de enfermedad o de crisis económica, las personas se vuelcan para presentar su ayuda; un consejo; ayuda física; la ayuda económica, el apoyo emocional; la intersección ante instituciones o personas particulares; la colaboración en la prestación de albergues; reunión de personas para brindar la asistencia necesaria; apertura de cuenta bancaria para asistencia económica para personas en crisis, etc. Todas estas muestras de solidaridad, hacen impacto en la conciencia social de cada miembro de la familia; y ese legado de rica herencia social se intensifican en cada nueva generación.

Las tradiciones y las artesanías son la cuna de la cultura de un pueblo, en tal sentido, el concepto que el hombre es un ser social por excelencia cobra sentido. Amar y representar las costumbres arraigadas en la memoria de un pueblo, acentúan el carácter social del emigrante.

Entre las tradiciones, podemos mencionar: el baile folclórico, la fiesta patronal de cada pueblo, la celebración de procesiones católicas y sus alfombras decorativas, la celebración del día de muertos, los eventos de la quema del diablo, las posadas, la celebración del día de Reyes, los grandiosos actos cívicos que conmemoran la independencia de un país, el día de los inocentes, etc.. Cada uno de estos eventos deja una experiencia de unidad, solidaridad, compañerismo, colaboración, habilidades y destrezas, alegrías y valores cívicos. Generaciones a generaciones hemos experimentados momentos inolvidables participando en estos eventos. Y qué decir de las artesanías. Las artesanías son la expresión de un pensamiento y estilo de vida de una comunidad o país. Quién no ha sido impresionado con las obras de arte de la orfebrería, la alfarería y los cuadros pictóricos de una región, además, de un sinfín de juguetes de madera que despiertan la curiosidad de todo niño. Y por decirlo de alguna manera, estas obras de arte reflejan el modo de relaciones entre las familias y sus comunidades. Cabe decir que la producción artesanal tiene un valor económico muchas veces accesible al ingreso económico de la familia. Esas transacciones económicas deja una actitud positiva en los jóvenes, como lo es la comprensión. Los hijos reconocen el esfuerzo de los padres como proveedores de juguetes para su entretenimiento, y esta relación de comprensión fortalece los vínculos de respeto y amor entre padres e hijos. Si la comprensión campea entre los valores de una familia, es más posible que estemos solamente a un paso para la cooperación y aprendizaje.

Tener una actitud cooperativa sienta las bases para el aprendizaje, sea la educación formal de grado a grado; el aprendizaje directo de un oficio transmitido de padres a hijos; la adquisición de responsabilidades propias de un adulto, y ocupar el sitio laboral dejado por el padre por su avanzada edad u otro motivo.

Bajo estos cimientos de valores hogareños surge un hombre emigrante (y también mujer), dispuestos a forjar semilla nueva en otras tierras.

Este es el perfil del hombre o mujer emigrante que estaría tocando puertas por un asilo político.

La semilla nueva y buena, viene a darle fuerza a una sociedad que lucha por ser segura y productiva.

Discusión a la línea número 10 de "Hermandad sin fronteras".

Línea #10:

:AMO TU LEY"

"Me identifico con el orden"

"Puedo 'crecer' en lealtad

"Progresar en libertad"

"Respetar la libre expresión".

En el párrafo anterior de "Amo tu Ley", se percibe la esencia del pensamiento democrático del ciudadano americano. Es un hermoso pensamiento que cristaliza las actitudes y emociones de un pueblo, que ha demostrado tener suficiente coraje y conciencia social para construir una nación fuerte y de ideales sociales nobles en el conjunto de de las naciones del mundo. El orden se establece amparados en preceptos legales aplicable a todo individuo dentro de los límites de esa nación. No hay distingo de raza, religión, posición económica o política, y posición social. El compromiso ciudadano de respeto hacia las personas que gozan de autoridad dentro de instituciones que tienden a enforzar la ley, es el cimiento para entronizar el orden, como medida preventiva para desarrollar un modelo social de sociedad seguro para todos.
Identificarse con el orden significa utilizar más la corteza pre frontal para tener juicios maduros y tomar decisiones correctas. sea para manejar un auto de manera segura; tomar las debidas precauciones con las armas de fuego y mantenerlas lejos del alcance de los niños; tomar las debidas precauciones en zonas forestales para evitar incendios; mantener una conducta apropiada en los aeropuertos respetando reglamentos y prohibiciones; respetar los límites de velocidad en autopistas y zonas escolares; checar puerta de emergencia en lugares públicos, etc. Por lo tanto, la persona que se identifica con el orden, pone a disposición de la sociedad un yo social que aporta y comparte los beneficios de una sociedad civilizada.
La frase "Puedo "crecer" en lealtad', va más allá de un simple pensamiento. Implica tener la concepción que el individuo ha sido favorecido por un determinado beneficio y él ofrece a

cambio su compromiso consciente de no fallarle a esa Nación.
Crecer en lealtad, es hacer de lado todo interés mezquino por
alcanzar provecho propio a favor del interés colectivo. Es
reconocer la importancia de la unidad y crecimiento social.
Significa ser parte de ese sentimiento colectivo de demostrar
respeto y lealtad a los altos valores humanos, por los que
hombres y mujeres han luchado y nos han dejado como legado.
La frase" Puedo progresar en libertad", es claramente un reto a
los proyectos de vida del emigrante. La libertad promueve la
creatividad y la creatividad promueve la diversidad. Esto
necesariamente apunta hacia el progreso, un progreso
comprometido por todos los miembros de esa sociedad que vive
al amparo de la libertad. Acerca de este tema y su importancia
en la búsqueda de la felicidad, deseo incluir una composición
literaria de mi autoría.

"BENDITA LIBERTAD"
Oyendo al viento soplar
Sintiendo el sol calentar
Oliendo la rosa en el jardín
Siento que el universo me saluda.

Velocidad del viento
Intensidad del calor
Frescura de aroma
Son desprendimientos naturales.

A veces soy más rápido que el viento: mi pensamiento
Otras, más caluroso que el calor: mi amistad o altruismo
Y más fresco que una rosa: mi fe
Son desprendimientos humanitarios.

El viento y mi pensamiento se entrelazan
Proyectando fuerza y escuchando
El calor y la amistad, albergando
La frescura y la fe, prolongando la vida.

Escuchando, compartes la riqueza de los sentimientos
Albergando, abrigas la esperanza de la convivencia pacífica
Promoviendo la vida, te das la oportunidad de co-existir en los
demás
El hombre más allá de su piel: LIBERTAD.

Libertad, concepto y fusión de naturaleza y sangre
Integración de generaciones y voluntades
Juego espontáneo de producir y recibir
De expresar y progresar.

Su precio: el sacrificio
Jóvenes con sangre de patriotas
Nuestros hijos
Defendiendo la bendita LIBERTAD.

La frase final de la línea 10, dice: "Respetar la libre expresión".
Respetar la libre expresión en una sociedad, representa el punto
de equilibrio entre las emociones y la tolerancia. En medio de
esta dualidad está el raciocinio, o sea nuestra habilidad para
formar juicios y pensamientos orientados a perseguir la vida y su
armonía. La libre expresión implica expresar una idea, una
creencia, una actitud, una preferencia, un juicio, una opinión y
un trabajo (que en un momento histórico podrías ser
controvertido).

Respetar la libre expresión implica también entender la sociedad
en que vivimos, es decir, entender a la gente con su particular
estilo de vida. En ausencia de la tolerancia estaríamos
aceptando una dictadura del pensamiento,
Las diferentes expresiones de una persona en su comunidad,
refleja la percepción que la persona tiene de su entorno y las
motivaciones que le provoca. De esa percepción emerge la
libertad de expresarse y que une (mas que distanciar) a sus
miembros.
Desde la naturaleza del ser humano, trasciende y se proyecta su
esencia y pensamiento, y sigue una vertiente al igual que el agua
busca su cauce y desembocadura.
Este fenómeno es tan inevitable, como lo es interesarnos en la
semántica de las palabras. A continuación, una composición que
trata de este asunto:

'ENTRE LÍNEAS"
Entre líneas piensa el escritor
Entre líneas explora el lector
Entre líneas germina la idea
Entre líneas grito: "Eureka"!

Entre líneas el mensaje brilla
Entre líneas la verdad navega
Entre líneas se anuncia la razón
Entre líneas navega el hombre nuevo.

Entre líneas me veo reflejado
Entre líneas cosecho
Entre líneas encuentro el puerto
Entre líneas resuelvo mi futuro.

Entre líneas entrelazo mi ser
Entre líneas planifico el cambio
Entre líneas mi destino se define
Entre líneas disfruto el futuro.

Entre líneas mi vida se desplaza
Entre líneas navegan mis errores
Entre líneas crece la crítica furtiva
Entre líneas mi sueño crece.

Quien se niega a leer entre líneas
Tropieza con el recurso intuitivo
Parece ajeno al texto y su contexto
Percibe la idea pero no la libera.

A continuación haremos una discusión de la línea número 11 de la composición "Hermandad sin Fronteras'.

Línea #11:
"Y QUIERO TRABAJAR"
"Quiero producir"
"Quiero progresar"
"Quiero pagar impuestos"
"Quiero crear un futuro en la inversión".
Discusión:
Visto en perspectiva, el bloque literario de la línea 11 impresiona como la representación del hombre evolutivo y creativo. Pone las bases de su desarrollo en su YO consiente, y cual espejo reluciente, lo presenta a la sociedad para que contemplen todos sus recursos. Este es el emigrante que grita

voz en cuello: "Miren, aquí estoy lleno de recursos y esperanzas"!.

Del deseo a la producción; de la producción al progreso; del progreso a pagar impuestos , y finalmente, de los impuestos a la inversión. Este es el gran salto en la super economía a la que todo Estado pretende llegar. Esta plataforma económica del emigrante hace que el mapa económico de un Estado, pueda ser solvente y sustentable; es decir, pueda satisfacer las necesidades de subsistencia, y mantener el desarrollo con sus propios recursos. Todo ello gracias a la economía de libre mercado Desafortunadamente, la realidad económica en los países de origen del emigrante es tan diferente, o mejor dicho, deprimente por la inflación, y por estar muy lejos de ser una economía industrializada. Este panorama económico, no permite que la acuarela pujante y creativa del emigrante pueda plasmarse exitosamente. Y es así que ante la desesperanza, frustración y temor por un futuro incierto, la idea de emigrar surge como una solución positiva.

Línea número 12:
"DANOS LA OPORTUNIDAD"
"De integrarnos a la vida económica "
"De enriquecer el proceso de trabajo"
"De luchar por un sueño"
"De fortalecer tu economía".

Discusión;
Todo lo anterior son grandes propósitos que el emigrante trae en la mente y en el corazón. Las oportunidades cuando son buscadas de propósito, juegan un papel importante en el futuro

de esa persona. Sí, luego de recorrer cientos o miles de kilómetros no en vano está convencido qué su mejor alternativa es pedir una oportunidad. Esa oportunidad se convierte para él en la puerta grande; en el arco iris luminoso; en el aura que rodea su futuro. Esa oportunidad nunca será olvidada porque representa una salida para la solución de sus más profundos problemas de sobre-vivencia, individual y familiar. Se oye una frase que reza:" todos merecemos una segunda oportunidad"; aunque en realidad, el emigrante probablemente nunca la ha tenido en su país de origen, y prueba de ello es su deseo de emigrar. Primera o segunda oportunidad es simplemente cuestión de temporalidad, aunque, el emigrante la aprecia cómo una bendición bajada del cielo. Si esta oportunidad es concedida y sus clamores son atendidos, una nueva historia está por escribirse en un nuevo país.

La red económica que fluye en sus diferentes causes, o sea transacciones comerciales a todo nivel, necesita de la vitalidad y creatividad de nuevos emprendedores, que no buscan solamente obtener una ganancia justa a su esfuerzo, sino por el contrario, dar nuevos impulsos a esa red.

Precisamente, dentro de ese impulso va íntimamente ligada el mejoramiento de los procesos del trabajo, o sea su diversificación, y con esta diversificación se estarían estimulando nuevas fuentes de trabajo, para que muchos hombres y mujeres puedan alcanzar su sueño.

Alcanzar un sueño es el anhelo más esperado y acariciado por los emigrantes que se han fijado metas en la vida, y donde cada día puede ser una esperanza o una frustración. La realización de un sueño significa cristalización, aportación, ejemplo a seguir, crecimiento personal, agente de cambio de tipo social, y de igual manera, la posibilidad de dejar un legado a las futuras generaciones. Contemplando el fenómeno de la emigración en este contexto, la relación entre el emigrante y el país que lo acoge, es de singular importancia como la unión entre dos neuronas para producir la chispa de la sinapsis,- un proceso que conlleva la creación de una nueva función (aprendizaje, comportamiento o habilidad)-. La oportunidad de la cual hablábamos es el otro factor (suponiendo al emigrante como el primero de ese binomio), que estaría energizando la chispa para impulsar la economía del Estado. Lo interesante de este concepto, son las múltiples inter -relaciones que se establecen entre diferentes emigrantes emprendedores con una razón social, lo que conlleva a un crecimiento de la economía.

Línea número 13:
"OH GRAN PUEBLO NORTE AMERICANO"
"Presento mi asombro ante tu impulso creativo"
"Creo en las oportunidades"
"Admiro tu acopio de inteligencias"
"Tu democracia sólida y ejemplar".

Estados Unidos de Norteamérica es el asombro del mundo. Sus Estados albergan individuos con visión multicultural, y una relación diversificada de trabajo. Su historia está escrita en el corazón de personas que lo han dado todo dentro de un alto espíritu de equipo. Haber llegado a la luna marca un hito en su historia. El primer vuelo en avión en solitario de Estados Unidos a París, Francia, fue un acontecimiento sin precedentes; la aparición de Henry Ford en la industria del automóvil, revolucionó el método de transporte; y miles de pioneros en la industria de la construcción, del acero y la comida. Espacio aparte merece la institución militar, por su rol relevante a lo largo de la historia en defensa de los intereses y libertad de la Nación, desde sus inicios hasta los acontecimientos contemporáneos, sobresaliendo estrategas como el General Ulysses S. Grant y su participación en la Guerra Civil Americana; el General Douglas Mac Arthur en la Segunda Guerra Mundial.

Cuáles son los pilares de estos hechos históricos?

El acopio de inteligencias multirracial

Contar con un espíritu de liderazgo de punta

Creer en la buena voluntad del inmigrante

Conceder oportunidades al inmigrante

Recompensar el buen carácter moral del inmigrante

Proveer estudios y facilitar la introducción al mercado de trabajo

Mantener en alto el espíritu democrático dentro de la vida ciudadana,

Línea número 14.

'FORJEMOS JUNTOS LA UNIDAD"

"Unifiquemos esfuerzos por la fraternidad"

"Bienvenido el pluralismo en la expresión social"

"No a la desintegración social"

"Construyamos familias fuertes y visionarias".

Discusión:

Cuando el pensamiento converge hacia la unidad la vida es más rica:

En experiencias

En vivencias

En recuerdos

En salud mental

En planes y proyectos

En acuerdos y propuestas

En la conservación de tradiciones

En el reconocimiento de objetos que identifican una cultura. Bien, converger hacia la unidad es atrapar la armonía; un requisito para la felicidad. El proceso unidad, armonía, felicidad, entrelaza una actitud mental, un estado interior sensible y un estado mental y corporal de gozo.

Si volvemos nuestros ojos hacia la Constitución de los pueblos, nos daremos cuenta de los propósitos que persigue; de los principios humanos que invoca; de los diferentes grupos sociales que protege; del espíritu y letra que la inspira (la Constitución). Entonces, según el pensamiento de los próceres que la escribieron y de aquellos que les han sucedido, la esencia de la Constitución es la defensa de los derechos é intereses del pueblo. Y esto cómo se logra? Con la unidad. Éste concepto semejante al cuerpo humano, igual estando formado por sistemas, debe existir una plena interconexión de sus partes para un mejor funcionamiento psíquico y motor, (sin olvidar, por supuesto, la parte espiritual). Mantener estos sistemas como unidad (interconexión plena), es una prioridad para alcanzar la salud, y su equivalente en el plano social, es perseguir la fraternidad, la armonía y la felicidad.

Lo que hace fuerte a una comunidad es el pensamiento positivo, por cuanto éste libera energía que converge a la fraternidad. La madurez social de un pueblo o comunidad, permite que el esfuerzo de cada día no se desperdicie en banalidades. Los líderes sociales son los responsables de encausar la buena voluntad de los individuos, y hacer que ese esfuerzo se convierta en obras sociales concretas y de beneficio colectivo. Los intereses sociales del agente de cambio es establecer conexiones entre el proyecto y el mayor número de individuos que puedan beneficiarse.

Las obras sociales, en mi opinión, establecerán relaciones cálidas entre los miembros de la comunidad, albergando un sentimiento de fraternidad, siendo este un ambiente psicológico propicio para la aportación de ideas acerca de cómo alcanzar objetivos. Estimulando la expresión social en cada individuo, se alcanzará niveles de autoconfianza altos, y la suma de sus personalidades en juego, hará fuerte y atractivos sus proyectos. Es por ello que la desintegración social no debe alentarse, sino por contrario, definirla como contraproducente para el logro de fines sociales. El emigrante en el momento en que planifica su aventura, llega al país que desea adoptar como su segunda patria con un enfoque visionario de sus propósitos, y considera que para llevarlos a cabo debe adaptarse a su nuevo entorno y, consecuentemente, tener una actitud mental positiva hacia la unidad.

Conclusión; sí a la unidad; sí a la fraternidad; sí al pluralismo en la expresión social; sí a las familias fuertes y visionarias; NO a la desintegración social.

Entraremos ahora a la discusión de la línea 15 de nuestra composición "Hermandad sin Fronteras".

LÍNEA #15
"LA REFORMA MIGRATORIA"
"La emigración como fenómeno social"
"La emigración como paso a la sobre-vivencia"
"Legislar por el emigrado es un acto solidario"
"La reforma migratoria: un sueño dorado".

La reforma migratoria es un proyecto en debate candente. La falta de claridad 0 negación en los aportes del inmigrante a la Nación, ha contribuido a que todos los argumentos favorables sean inadmisibles en la mesa de debates, y por lo tanto, todo proyecto para legislar a favor del inmigrante vaya a saco roto. La emigración de personas es un fenómeno social porque involucra a cientos o miles de ellos con un fin común y perentorio: mejorar su calidad de vida en mediano plazo. Al igual como lo hacen algunas especies del reino animal, el fenómeno de la emigración se presenta como una necesidad de ir en busca del sustento, a sitios donde existen las condiciones naturales apropiadas. Sea bajo el agua o en el aire, no existen fronteras. Así, aves y peces grandes acompañados de sus crías, despliegan sus esfuerzos para llegar extenuados al sitio predeterminado.

Considerando la existencia de leyes y procedimientos, aún estás deben de contemplar el lado humanitario en su aplicación. Las leyes son creadas por los hombres, y en lo que respecta a inmigración un obstáculo debería ser de forma, es decir dificultad de encausar un proceso por falta de evidencias y pruebas, y no de fondo, o sea, incurrir en un dictamen viciado por una moral anti humanitaria.

El fenómeno de la emigración más allá de nuestras fronteras. En el continente europeo Francia y España están acogiendo a decenas de emigrados provenientes del continente africano. La experiencia más dramática de este intento fue la del niño abogado que yacía muerto en la playa. Con la mejor intención exhorto a líderes políticos de alto nivel, a que traten el asunto de emigración humana en sus reuniones dentro del recinto de la ONU. Es mejor recoger buenas ideas con carácter humanitario

entre los líderes presentes, que recoger cuerpecitos de niños inocentes de una playa o de un terreno agreste y soleado.
Este interés por los demás se llama solidaridad. El significado de esta palabra podría no figurar en el lenguaje cotidiano de muchos de los emigrados, pero ellos y sus hijos estarían siendo protegidos por ese enorme gesto de nobleza y humanitarismo.
No para todos un sueño viene a ser realidad. Habiendo mencionado la tragedia mortal, sucede también la tragedia como resultado de un accidente. Jóvenes con una extremidad mutilada, desesperados esperan por una prótesis que alivie o resuelva su problema. Sueños truncados en el camino.
La reforma migratoria es una cuestión de tocarse el corazón y aplicar las leyes con flexibilidad y humanitarismo.

Ahora entraremos a la discusión de la línea número 16.
Línea #16
'ES LA MEJOR SOLUCIÓN"
"Resolver un problema deleita a la inteligencia"
"Es compartir sabiduría, humanitarismo y justicia"
"Es un ejemplo intercontinental"
"Habilidad política puesta a prueba"
Es interesante mencionar cualquiera que sea la posición de líder esta tiene una proyección más de tipo social que bañar de aplausos su propio ego. Ningún líder debe entrar en una contienda consigo mismo en cuanto a elegir el éxito de un proyecto y disfrutar de un ego envanecido. Aún en tiempos de proselitismo el carácter moral de un líder se pone a prueba, por cuanto está en juego la posibilidad de los proyectos que adorna una campaña, además de llevar votos a su bolsillo.
El líder político es la figura más importante para la dirección exitosa de un país, pueblo o comunidad. De su lealtad a sus

propios principios morales depende el bienestar de la gente que
dirige o gobierna.

Ser honesto consigo mismo para el beneficio de los miembros de
una comunidad podría representar hasta un 50%, sumando los
otro 50% de otros recursos que podrían ser económicos y
recursos humanos. La mejor solución siempre será aquella que
dicta el corazón y humanitarismo. La idea que la inteligencia
percibe es solamente la punta del **iceberg** del contenido de un
proyecto, porque en el cuerpo de dicho proyecto se pondrá a
prueba la sensibilidad social del líder. La mejor solución si el
emigrado se encuentra ya en suelo norteamericano, es aplicar
factores como inteligencia. sabiduría, humanitarismo y justicia
como ingredientes para un cambio de status. El éxito de un
líder está asegurado según el nivel de atención que preste a los
intereses de su comunidad. Este es una de los más importantes
factores, si no el más importante de la habilidad política puesta a
prueba. Qué líder representa con orgullo los atributos señalados
en su gestión política como Presidente de los Estados Unidos de
Norteamérica? El señor Ronald Reagan, extraordinario ejemplo
intercontinental de como entender y resolver el fenómeno de la
inmigración.

No estoy abogando por individuos de carácter moral dudoso,
sino por aquellas personas y familias nobles, responsables y
dignas, que por el tesón y respeto demostrados a los Estados
Unidos, merecen ser considerados como esenciales para
permanecer y trabajar en este país, y continuar con el eslabón
de crecimiento económico y lealtad a nuestros símbolos y
tradiciones.

Contamos en los anaqueles de la Biblioteca Nacional, con el
invaluable legado de hombres y mujeres plasmados en sus
hermosos libros, y la experiencia de su quehacer político en

favor de hombres y mujeres común y corriente. Muchos de nosotros tal vez nunca tengamos la oportunidad de leerlos, pero si somos capaces de apreciar la sonrisa de un niño en lugar del llanto, el abrazo en lugar de la separación, el grito de alegría en lugar del grito de desesperación, de un cara cara en lugar de un saludo por medio audiovisual, entonces y sólo entonces, esos libros en la Biblioteca Nacional habrán cumplido su misión.

Línea 17 de nuestra composición "Hermandad sin Fronteras".

VOCES DE NIÑOS SE ESCUCHAN"
"Clamor de conciencias llenas de amor"
"Voces que multiplican la angustia social"
"Niños que marchan escribiendo el futuro"
"Ondas sonoras con pizca de esperanza"
Discusión::
La onda expansiva provocada por el estallido de un artefacto militar te deja un vacío en tu mundo interior; es como ver una película antigua sin sonido tratando de entender lo que el personaje vocaliza. Poderoso efecto expansivo. La angustia sobreviene y te aferras a un milagro esperando el retorno del sonido o ruido normal que ocupe el lugar del silencio desesperante.
La algarabía de voces infantiles en un parque o en una fiesta infantil, es como un canto de ángeles proveniente de los cielos. A todos nos llena de gozo esa acuarela de emociones infantiles. Usted amable lector estará pensando; bueno, qué tiene que ver la onda expansiva con la algarabía de voces infantiles? Es cuestión de conciencia social. Nos duele en el corazón saber de un soldado que ha pasado por la experiencia de la onda expansiva en el cumplimiento de su deber, de su angustia y desesperación

por el silencio auditivo abismal. Igualmente, nos angustia escuchar voces infantiles, no acerca de una algarabía en un ambiente festivo, sino, en el contexto social de una experiencia dramática y traumática. Esto acontece cuando el niño está consciente del sufrimiento de los padres acerca de una posible deportación o de una separación temporal. La familia habla de ello y la desesperación de los padres se refleja en sus rostros. El eco del sufrimiento de los padres se impregna en la conciencia del niño y se torna perturbador para él. Es por ello que vemos a niños acompañados por adultos en las marchas por la ciudad, niños que tempranamente maduran y practican sus derechos civiles gritando consignas de poder. Este es el estallido social de agobiadas conciencias sociales infantiles abriendo surcos de esperanza y sembrando la semilla del amor.

La caravana de familias centroamericanas buscando asilo político en los Estados Unidos de Norteamérica en el primer trimestre del año 2018, tuvo una gran difusión en las noticias y en las redes sociales. Las voces de los niños viajantes era tan sólo un preludio del estallido social que estaba por surgir días después en América del Norte. La petición de asilo político se convirtió en un antes y después del sueño americano a una pesadilla real.

Padres serían separados de sus hijos. Así, fríamente. el llanto y angustia de los padres por el paradero de sus hijos, y el llanto y miedo de los niños por estar ubicados en un lugar desconocido, ha sido una de las ondas expansivas más críticas que invadió y perturbó la conciencia social de miles y miles de estadounidenses. Está por demás decir, que este fenómeno social provocó muchas órdenes de deportación. De tal manera que tanto para inmigrantes residiendo en los Estados Unidos, como para los inmigrantes recién llegados, la angustia, el dolor y la tristeza, han sido el denominador común, dejando en todos ellos una huella psicológica-social que ni las lágrimas han podido borrar.

Verso alusivo:

"Pero en cada amanecer"

 "Hay tristeza en mi ser"

"Una mezcla de esperanza y miedo"

"Que tiene preso mi corazón".

Cada amanecer es incierto para el inmigrante carente de un estatus migratorio; los hijos ponen la mesa para la cena pero el padre no regresa; los hijos preparan la cena pero la madre no regresa; ambos o uno de ellos ha sido detenido y puesto a disposición de las autoridades migratorias. Puede ser un día hermoso para pasear, pero ellos son solamente una sombra para las autoridades. La ambivalencia de sentimientos es cruel: por una parte hay una paz y esperanza reconfortante cuando todos unidos por la noche dan gracias al Creador por un día más juntos; por otra parte hay miedo e incertidumbre por las sorpresas que el mañana pueda presentar. Padres que no verán los primeros pasos de sus pequeños hijos; padres que no escucharán los balbuceos de sus primeras palabras; padres que no compartirán la alegrïa del niño por el control de esfínteres; padres que no estarán juntos para sus primeros juegos; padres que no compartirán el orgullo por buenas calificaciones en la escuela, padres que no tendrán la oportunidad de ser un ejemplo a seguir para sus hijos. En todo esto cabe el miedo por la deportación.

Haciendo una analogía entre la sofocante tarea agrícola que hombres y mujeres realizan en los fértiles campos de California, y el grito y llanto de los niños, y desgarradoras súplicas de padre de familia, creo encontrar un parentesco social entre los

abnegados trabajadores agrícolas y las temerosas familias en el
perímetro citadinos: los surcos agrícolas son bañados con el
sudor de humildes y estoicos campesinos que tambièn esperan
una Reforma Migratoria; y las lágrimas de familias enteras y
gritos de los niños, impulsan el clamor y la zozobra de cada día,
hacia los oídos de los políticos. En ambos casos hay una pizca
de esperanza. Vidas que gravitan entre el miedo y la esperanza.
A lo largo y ancho de la ciudad el viento lleva el dolor, la
angustia y la zozobra de miles de voces infantiles y adultos que
claman por un cambio de estatus migratorio. Es como un río
caudaloso que arrastra las conciencias acongojadas de miles de
personas en busca del un alivio migratorio. El estruendo de este
estallido social, no es enmudecido ni por el fragor de una
máquina de tren; ni por las olas a reventar en las rocas; ni por el
ensordecedor trueno producido por un rayo en una tormenta
nocturna.
Discusión a la línea 18 de nuestra composición 'Hermandad sin
Fronteras'.
LÍNEA #18
"IMPLORANDO COMPASIÓN"
"De un liderazgo comprensivo"
"Que llene de amor el vacío social"
"Que diga presente en la tribulación"
"Y que comparta su buena estrella".
No hay característica más diáfana en el hombre que la decencia,
y está representa el plano frontal de hombres y mujeres que
imploran compasión.
No todo lo que brilla es oro, pero si algo brilla más que el oro es
la decencia. Es decente aquel que desnuda su alma y suplica
compasión a quién en su momento moralmente esta obligado a
manifestarla. Decencia y compasión son eleméntos que se

satisfacen el uno con el otro. La decencia incita a la compasión a ser expresada. La decencia no se visualiza; se capta con el espíritu. La compasión es la recompensa para la decencia. Cuando este juego de valores se cristaliza un vacío agobiante se torna a plenitud: plenitud de esperanza, plenitud de fe, plenitud de amor, plenitud de gozo, plenitud de felicidad, plenitud de alegría, plenitud del bienestar, plenitud de autoconfianza y plenitud rebosante de compartir la experiencia.

Aquello que se sintió como pesadumbre o tribulación ha quedado atrás, porque el bálsamo de la compasión ha sanado un aciago presente por un resplandeciente futuro.

Este planteamiento de tipo moral, encuentra su mejor analogía en un hecho real y conmovedor de un padre de familia que se reúne con su esposa y dos hijas, después de haber estado detenidos 55 días en las instalaciones migratorias. Llama poderosamente la atención el agradecimiento de ese hombre por su liberación, en primer lugar agradece al Creador y al señor juez. Una de las niñas saluda a las cámaras, y su aire de inocencia y actitud juguetona me hace pensar que la tribulación a pasado. Además, he aquí otro detalle: Un comentario en las redes sociales expresa:'"bendito juez". Así, el bálsamo de la compasión ha sanado una tribulación. (Crédito: Canal 34; edición digital; Julio 25 2018).

Una obra buena lleva a una siguiente obra buena; efecto dominó. Cada uno de nosotros es un eslabón o pieza fundamental en esa cadena de la buena voluntad. No lo pensamos dos veces cuando queremos ayudar a alguien, porque hemos aprendido a practicar la bondad, por qué alguien, a su vez, sembró la semilla en nosotros. Nuestro esfuerzo por la búsqueda de la felicidad, es compatible con la natural actitud de procurar el bienestar de terceros, lo que nos permite a nosotros disfrutar de un gozo

interior. Dando es como descubrimos el significado de
"búsqueda" de la felicidad.

Discusión a la línea número 19:
LÏNEA 19:
"Y MIRANDO A LAS ESTRELLAS"
'Buscando respuestas en la Casa Blanca'
'Elevando plegarias con alas de miedo'
'Marchas que escriben la historia.
'De una madre, un padre o un hijo'.
Las estrellas nos dan luz y embellecen nuestros cielos , pero
también tienen un significado hermoso: que guía el paso de
aquellos que buscan un destino. Lo anterior guarda analogía con
la historia de los tres Reyes Magos, que guiados por la estrella
de belén llegan al pesebre del Niño Dios.
También las estrellas de los cielos han iluminado el camino de
miles y miles de emigrantes, y aunque han sido diferentes los
caminos y las condiciones, los emigrantes por fin habrían
llegado a su destino: la frontera de los Estados Unidos y México.
Ellos perciben que el nacimiento de una nueva vida está
precisamente al otro lado del muro fronterizo, y es allí, en la
Casa Blanca, donde el milagro de la nueva vida se pronunciará.
Es un gran reto para el liderazgo Democrático y Republicano,
por cuanto, en las históricas paredes de la Casa Blanca se
decidirá el futuro de miles de inmigrantes.
El nacimiento del Niño Jesús, considerado como el hecho más
trascendental en toda la historia humana, representa la
demostración más pura del Creador para presentarnos su
promesa de salvación a través del arrepentimiento y la fe. Ahora
veamos el fenómeno migratorio, donde miles de personas,
hombres, mujeres y niños, ingresan a territorio norteamericano

para prolongar sus vidas, proteger a sus pequeños y dar sustento a la familia. Desde este momento, la condición jurídica de estas personas cambia, pero es una transformación de forma jurídica, y no de fondo humano. No significa un cambio de los valores. Eres buena persona antes y después de ingresar al territorio americano. Posiblemente sea tu arrepentimiento por haber entrado ilegalmente en territorio norteamericano, o lamentar la ausencia de un documento en tu petición de asilo político, o tu enorme fe en los valores norteamericanos los que eviten una deportación, Sin embargo, muy importante será tu buen carácter moral el que mejor te represente.

 Tomar decisiones son parte de la vida diaria, algunas de menor y otras de mayor dificultad, pero decisiones al fin. Si luego de haber tomado una decisión mayor elevamos una plegaria para mejores resultados, es porque necesitamos una ayuda celestial. Es por ello que en nuestro mundo buscamos el amparo celestial para que nuestras decisiones no lastimen a terceros. Analizando este tema, quiero preguntarle a usted, amable lector, si ha escuchado alguna vez al Santo Padre Francisco expresar :"RECEN POR MÍ". Êl, al igual que nosotros, desea que las decisiones adoptadas sean de beneficio para el prójimo y que no lastimen los sentimientos y creencias de las personas. Él, al igual que nosotros, aspira a tomar decisiones justas y que sus decisiones tengan sentido para la vida espiritual y material.

Y qué tal si este concepto se aplica también al emigrante cuando besa la frente de su madrecita y abraza a su padre, diciéndoles:"recen por mi".

Si el sueño americano se cumple, este emigrante podría besar nuevamente la frente de su madrecita y abrazar a su padre, ancianos con el tiempo, pero los verá . Rezaría usted por nuestros líderes políticos por decisiones sensibles y compasivas?

Línea número 20:

"PIDEN ALTO A LA DEPORTACIÓN"

"Deportación: sinónimo de disección social"

"Decisión que niega el abrazo parental"

"Genes divididos por un muro"

"Esperanza que termina con dolor".

Discusión:

En términos de redes sociales, se han hecho virales eventos tales como: jóvenes que celebran su graduación cerca del muro y en presencia del padre que está al otro lado del muro; y de alguien que celebra su cumpleaños, comiendo pastel con sus familiares en ambos lados del muro. Conjugando un significado biológico - social, estaríamos hablando de una disección social. Esto es como un aborto gramatical, pero también esos eventos representan un aborto social; cómo un corazón puede resistir una vivencia que a todas luces se ve como inconcebible. Pareciera una parodia macabra y de mal gusto. alegría truncada por el dolor; alegría truncada por la tristeza; alegría truncada por la impotencia; alegría infectada de insensibilidad social y anti humanitarismo.

El descubrimiento del ADN y su aplicación para fines de autenticidad parental e investigación de tipo forense, fue un gran salto de la medicina, arduo y largo. La ciencia al servicio de la vida y la verdad. Cuando una familia queda separada por la deportación, el magnetismo de sus ADN se incrementa y busca su reagrupación, manifestando con ello el carácter indivisible que une a sus miembros. Siendo la familia el núcleo de la sociedad, resulta inconcebible que ese núcleo sea desintegrado de un plumazo. El tejido social de este núcleo tiene elementos esenciales que le dan estructura y prioridad en las relaciones sociales (aspectos afectivos y cognoscitivos de la socialización;

miedos y ansiedades predominantes; manejo de las actitudes, etc.).

Si la búsqueda de la felicidad se funda en gran parte en la evitación del dolor, entonces, luego de humanizar el aspecto jurídico que sustenta la necesidad (?) de una deportación, una decisión justa es su consecuencia, es decir, el esfuerzo del orden jurídico migratorio debe buscar la unificación familiar, y recompensar a personas y familias respetables.

Hemos cumplido con la presentación y discusión de "HERMANDAD SIN FRONTERAS", haz tus propias conclusiones, y me agradaría llegar a algunas coincidencias contigo en tu percepción del fenómeno migratorio.

Quiero exponer la composición "Hermandad sin Fronteras" sin cortes y con sus adiciones: Proclama y propuesta de Integridad.

"HERMANDAD SIN FRONTERAS"

"PUEBLO DE HONOR"
Estados Unidos de Norteamérica
Reconocemos tu bravura
Tu idealismo por la justicia
Tu visión telescópica hacia el futuro.

"HOY VENIMOS"
como fantasmas guerreros
Triturando el pasado dominante
Formando una masa de "Chuys," "Lupes "o "Marías"
Portando banderas de paz.

"SUPLICANDO TU PROTECCIÓN"
Suplicando apelamos a tu comprensión
La comprensión fortalece a los pueblos
Queremos integrarnos a tu progreso
Queremos manifestar nuestra identidad.

"TENGO MI HOGAR"
Soy rico en valores morales
Soy ejemplo de fortaleza para los míos
Traigo el legado productivo de mis padres
Déjame plasmar mi huella en tus tierras.

"A MIS HIJOS TAMBIÉN"
Progenie que estira la célula social
Que enlaza sus metas con la red social
Descendencia que busca la paz social
Mensajeros de negocios con una razón social.

"DANOS LA LEGALIZACIÓN"
Queremos circular como moneda en curso
Queremos pedir y no exigir
Queremos dejar huella histórica
Y que nuestra mano estreche la tuya.

"MUESTRO ANTE TÍ"
Una conciencia social saludable
Una vida que lucha y sueña
Un corazón que alimenta sus metas
Un sentido de agradecimiento profundo.

"UNA HISTORIA DE FE"

Estandarte de padres inmigrantes
Enarbolada por César Chávez
Impulsada por Jaime Escalante
Musicalizada por Gustavo Dudamel.

"DE RESPETO Y VOLUNTAD"
Hay legado de valores familiares
De tradiciones y artesanías
De cooperación y aprendizaje
De forjar semilla nueva en tu tierra.

"AMO TU LEY"
Me identifico con el orden
Puedo crecer en lealtad
Progresar en libertad
Respetar la libre expresión.

"QUIERO TRABAJAR"
Quiero producir
Quiero progresar
Quiero pagar impuestos
Quiero crear un futuro en la inversión.

'DANOS LA OPORTUNIDAD"
De integrarnos a la vida económica
De enriquecer el proceso de trabajo
De luchar por un sueño
De fortalecer tu economía.

"OH! GRAN PUEBLO AMERICANO"
Presentó mi asombro ante tu impulso creativo

Creo en las oportunidades
Admiro tu acopio de inteligencias
Tu democracia sólida y ejemplar.

"FORJEMOS JUNTOS LA UNIDAD"
Unifiquemos esfuerzos por la fraternidad
Bienvenido el pluralismo en la expresión social
No a la desintegración social
Construyamos familias fuertes y visionarias.

"LA REFORMA MIGRATORIA""
La emigración como fenómeno social
La emigración como paso a la sobre-vivencia
Legislar por el emigrado es un acto solidario
La reforma migratoria: un sueño dorado.

"ES LA MEJOR SOLUCIÓN"
Resolver un problema deleita a la inteligencia
Es compartir su sabiduría, humanitarismo y justicia
Es un ejemplo intercontinental
Habilidad política puesta a prueba.

"VOCES DE NIÑOS SE ESCUCHAN"
Clamor de conciencias llenas de amor
Voces que multiplican la angustia social
Niños que marchan escribiendo el futuro
Ondas sonoras con pizca de esperanza

"IMPLORANDO COMPASIÓN"
De un liderazgo compasivo
Que llene de amor el vacío social

Que diga presente en la tribulación
Y que comparta su buena estrella.

"Y MIRANDO A LAS ESTRELLAS"
Buscando respuestas en la Casa Blanca
Elevando plegarias con alas de miedo
Marchas que escriben la historia
De una madre, un padre o un hijo.

"PIDEN ALTO A LA DEPORTACIÓN"
Deportación: sinónimo de disección social
Decisión que niega el abrazo parental.
Genes divididos por un muro
Esperanza que termina con dolor.

He presentado- con mi mejor intención-, el resplandor de la
dignidad del pueblo emigrante y del pueblo inmigrante; un sólo
pueblo, bañado en sudor y lágrimas, que deja en manos de las
autoridades norteamericanas su esperanza por una mejor calidad
de vida.
Ahora, extraído de nuestra última discusión, y a raíz del revuelo
social y político que provocó la separación de familias que
pedían asilo, todas ellas pertenecientes a la caravana
centroamericana en el primer semestre del año 2018, quiero
presentar un modesto trabajo literario sobre las emociones del
niño. La desintegración de familias lesiona severamente el
tejido social del núcleo familiar. Así pues, deseo exponer una
serie de elementos afectivos y de conducta cognitiva que son
parte de ese tejido social, que en ausencia del padre o la madre
son afectados seriamente.
NECESIDADES EMOCIONALES EN NUESTROS NIÑOS.

Afecto
 Exploración
Identidad
Valía personal
Soporte
Poder
Comunicación
Reconocimiento

AFECTO:
El afecto da estatura emocional. Es como el crisol que alimenta
todas nuestras necesidades. El afecto llena vacíos y fortalece la
esperanza en el mañana; despeja la penumbra de la soledad y
abraza la vida para aprender de ella.
Podemos ver a nuestros hijos jugando, durmiendo, leyendo,
comiendo, haciendo sus deberes; siempre nos vamos a
preguntar: Oh! cuánto han crecido, y aunque nos invada cierta
melancolía, sentiremos un gozo interior por prodigarle afecto, y
cuando no estemos cerca de ellos, estarán fuertes para enfrentar
los rigores de la vida.
El afecto va en el interior de un abrazo; de una palabra buena; de
un gesto amistoso; de una sonrisa; de una mirada; de un apretón
de manos. El afecto es un mensaje a distancia, cuyo recuerdo y
energía traspasa los obstáculos de tiempo y la materia, y coloca
a la persona que lo ha recibido en control de un momento difícil.
El afecto da calidez al comportamiento de quien lo recibe; es
como la savia que da vigor y gozo y expande la armonía en el
grupo. Así es el efecto del afecto: potente y cálido. Demos, pues,
afecto a nuestros niños.

EXPLORACIÓN:

La curiosidad es la forma llana en que nuestros sentidos abrazan el mundo físico que nos rodea, Y aunque la curiosidad es la huella primitiva que practicarán más adelante investigadores y exploradores, en el caso del niño, estaría iniciando el camino para dejar huella histórica de su paso por el mundo. Por ello, es necesario dar las primeras respuestas al niño acerca de las cosas que le rodea. Los niños quieren tocarlo todo, olerlo todo, probarlo todo, sentirlo todo, escucharlo todo, y en todo este esfuerzo buscan respuestas.

En manos de un niño, lo inanimado cobra vida, y con ello también su vida imaginativa: un simple palo puede convertirse en un indomable "caballo"; una rama de árbol puede convertirse en un "avión de caza"; un trozo de madera puede convertirse en un "carro de carreras", etc. No podemos detener la corriente exploratoria en un niño, por cuanto esta representa una cualidad muy importante para el desarrollo de su confianza personal.

En el proceso exploratorio de su entorno, el niño desarrolla sus habilidades sensoriales, capacitándolo para un mejor manejo de retos y adaptación al medio. Permitir la curiosidad bajo la supervisión de un adulto es correcto, y esto conlleva a preguntas como: por qué se mueve tal cosa? porque una cosa es áspera y la otra es lisa?. Un padre podría llamar a esta curiosidad una simple travesura, distracción o hiperactividad; pero lo importante de todo esto, es que la curiosidad moviliza los sentidos y es cuando el niño empieza formar los primeros juicios del mundo que les rodea. El papel del padre en este proceso exploratorio es de vital importancia para el niño, porque se promueve el acercamiento y la figura paterna se convierte en pilar para confirmar, descartar y/o ampliar los primeros juicios del niño. Aprovecharse de esta conexión padre-hijo, marcará la escala del éxito en el niño.

El por qué y cómo de las cosas y las respuestas compartidas con los padres, estaría ayudando en la formación del juicio crítico del niño acerca de la realidad. En nuestros días el uso prolongado de las tabletas electrónicas por parte de los niños, estaría limitando el desarrollo exploratorio y sus beneficios en la formación de juicios.

GUÍA

Ahora nos toca a tratar el rol parental como guía en el proceso exploratorio(no podemos descartar el rol de los adultos cercanos al niño en este proceso, como abuelos, tíos, primos mayores, etc).

Ser guía implica actuar con responsabilidad lineal, flexible y correctiva. El resultado final sería la formación incipiente acerca de la noción entre el bien y el mal; de lo correcto e incorrecto. Pero, veamos que significa responsabilidad líneal. Yo lo veo como un compromiso serio, constante y definido del padre hacia el niño, lo que equivale a decir, seguir paso a paso el desarrollo social del niño. Sí, el objetivo del rol parental es establecer correctivos para la entronización de la regla, permitiendo la participación del criterio del niño a lo largo del proceso exploratorio. Entonces, el rol del padre ofrece un enfoque vertical de apoyo a las necesidades de adaptación del niño. Ahora la responsabilidad flexible en lo que respecta a la guía parental se explica mejor si descartamos el carácter impositivo del criterio del adulto para formar la disciplina del comportamiento. Es mucho más conveniente que el adulto tienda a moldear la conducta el niño a la norma para que ésta se fije mejor, de tal manera que el niño pueda usar su criterio aun cuando el adulto no está presente. La responsabilidad flexible contribuyen aquel niño entienda mejor las expectativas de su conducta y las exigencias de la norma.

En cuanto a la responsabilidad correctiva, deja ver sus efectos en el aprendizaje. La inmediata corrección de una conducta errática o inapropiada, redunda en la formación de un carácter fuerte y firme, por qué? Por que la corrección va en busca de la respuesta afirmativa y ello se almacena como aprendizaje. Sin aprendizaje no hay progreso. Cada corrección viene a reforzar la conducta afirmativa.

IDENTIDAD

Cómo escoger los juguetes de nuestros niños? Bueno, la edad y sexo de niño nos lo indica. La niñas juegan a la casita, a "preparar' comidas o jugar con muñecas, y el varoncito juega con carros, a los vaqueros y juegos donde se ejercita el músculo. Cualquier error en la elección de un juguete o juego que no vaya de acuerdo al sexo del niño, los padres pueden corregirlo, con la finalidad de ayudarlos a integrarse mejor a las actividades de acuerdo a su sexo. Lo importante es preparar al niño a los roles que la sociedad tiene preparado para ellos. Los padres juegan un papel importante en la formación de la certeza sobre la identidad sexual, al señalar paso a paso el rol de sus hijos, reforzando con su observación y correcciones oportunas en cuanto al entretenimiento de sus hijos. Mi pensamiento está en escoger apropiadamente el juguete y el juego que corresponden a la edad y el sexo del niño, con la idea que las emociones infantiles se expresen y encausen de manera natural. Lo importante es hacer feliz al niño, libre de la censura de los padres y burla de los compañeros.

Es importante forjar el camino hacia una definida identidad sexual en el niño, y no dar entrada a la confusión o incertidumbre que podría llevar a conductas dubitativas. La educación sexual debe estar apoyada por los padres, y dar oportunidad al niño a que exprese libremente su identidad sexual, atendiendo inteligentemente a sus preguntas. y responder de acuerdo a su edad. Es importante enfatizar en la tolerancia; no debe confundirse el término "tolerancia' con "permisividad". El entendimiento acerca del proceso natural de identidad sexual, abre las puertas para la aceptación y soporte de la identidad y rol sexual y su integración consciente e inteligente a su entorno; en tanto que 'permisividad' podría involucrar ausencia de juicio crítico por parte de los padres y crear un ambiente de confusión y angustia en los niños.

VALÍA PERSONAL

Ha oído usted hablar de Narciso? No se trata del vecino de la cuadra, ni del compañero de trabajo, no; me refiero al personaje mítico que al ver reflejado su rostro en la fuente de agua, quedó maravillado por su belleza, tanto que se precipitó al agua. Este es un modelo estético que sirve como boya para aquellos que están convencidos que sus rasgos físicos son estéticamente insuperables. Pero Narciso está por encima de la realidad; es un modelo inapropiado para sugerir altos índices de amor a si mismo. Por el contrario, podrïa señalar la frustración de algunos individuos que caen en depresión cuando no se aceptan así mismos. Si la persona se rechaza por considerarse poco atractivo o interesante para el sexo opuesto, podría involucrarse en distracciones opuestas a perseguir objetivos legítimos de superación, y ello para evitar llamar la atención sobre sí mismo. Lo extremo sería ocultarse, esconderse o simplemente ser pasivo con el fin de pasar desapercibido.

Ambos casos son la negación a enfrentar el sentimiento de baja estima personal, y resolverlo mediante un ajuste de sus cualidades, virtudes y potencialidades.

Los padres pueden incurrir en ciertos errores que haría sentir a un niño menos dotado frente a los otros hijos. Una referencia positiva y preferencial de los padres hacia uno de los hijos, podría incidir en menoscabo de la estima de otro u otros hijos. Las preguntas comparativas podrían resurgir:" que me falta a mi que a mi hermanito le sobra?" ! Cuidado! Las preferencias hacia uno de los chicos podrían restarle liderazgo a aquellos hijos ignorados por sus padres.

Hay otro factor que podría lastimar el amor propio del niño: las continuas comparaciones de uno de ellos con el resto de los hijos, e inclusive, con el vecino, el primo etc. Si el amor hacia los hijos es como un faro de luz que ilumina su paso por la vida, entonces, por qué hacerlos caminar en penumbra? Habría que hacer énfasis en sus posibilidades, cualidades, habilidades, y sueños personales antes que negar su existencia paulatinamente. Y qué decir de padres frustrados, amargados y desilusionados de la vida, y que vean en el hijo un estorbo que no les permite alcanzar sus objetivos. Esta actitud de los padres estaría incubando en la conciencia del niño un sentimiento de culpa por entorpecer la felicidad (de los padres). Este sentimiento oscuro podrías ser el desencadenante de hábitos nefastos, como el vagabundeo, la drogadicción, el alcoholismo y la mitomanía, entre otros, y en los cuales el joven, años maś tarde, se estaría refugiando para gritar a los cuatro vientos su carencia de amor propio.

Y qué decir de los correctivos físicos? Hay una línea fina entre disciplina y castigo. La disciplina es un enfoque sistemático y razonado en la cual la inteligencia y buena voluntad de los padres se conjugan, para enseñar al niño cómo y por qué debe seguir ciertas reglas para conducirse apropiadamente en su medio social. El mutuo respeto es básico para alcanzar el progreso deseado en el comportamiento del niño.

Con la severidad del castigo corporal, se estaría utilizando este recurso como catarsis o desahogo para eliminar las tensiones de los padres, dando lugar a una desconexión con las exigencias de los patrones sociales.

La humillación, el enojo y la violencia es un trio mórbido que va a campear en la conducta del niño vejado. El niño asimila la idea que la sociedad aprueba el castigo físico para corregir conductas inapropiadas. Más adelante, en su rol de adulto podría repetirse este patrón. La disciplina impuesta por los padres debe ser reflejo de un modelo social civilizado, humanizado e inteligente, en la que padres e hijos estarían conectados para impulsar el progreso y la obediencia a la ley.

SOPORTE

Cuáles son las preocupaciones, temores y angustias de un niño? Ello va con su edad, Y aunque le restemos importancia a estos sentimientos están ahí, y pueden ir creciendo como bola de nieve si no les prestamos atención. Recuerdo en una de mis lecturas el caso de un niño de ocho años, que todas las mañanas y a la misma hora sus mejillas se encendían; sí, su rostro lucía ligeramente rojo. La madre pensaba que el chico tenía temperatura; lo llevó al médico pero no encontraron la causa. Qué pasaba entonces? Simple: el chico tenía problemas en la escuela con un niño bravucón que lo intimidaba; luego de identificar el problema y resolverlo, el tono rojizo en el rostro del chico intimidado desapareció. El soporte es esencial. Es una actitud de compromiso ante nuestros hijos; esta actitud debe ser constante y consistente para fortalecer la formación moral, carácter y educación de los niños.

El soporte no es una acción aislada, como decir" no pasa nada, vete a dormir"; o," esto pasa con todos los niños de tu edad; ya verás que esto es temporal". Reconocemos que los niños son susceptibles o vulnerables a imágenes, sucesos, noticias y experiencias, las que quedan impresas en su mente como un sello. El problema es que hay ausencia de un criterio para manejar los acontecimientos los que finalmente quedan plasmados en su imaginación. El soporte viene con la comunicación. Sin ese recurso, los problemas se salen de su justa dimensión.

Es tarea del adulto identificar la incógnita de los temores que alteran la tranquilidad el niño, y despejarla detalle por detalle. Su sonrisa nos dará la respuesta de que hemos alcanzado su sosiego.

PODER

Es realmente concebible que un niño tenga poder? Claro que sí, siempre y cuando lo habilitemos en el ejercicio de sus destrezas. Su satisfacción viene como resultado de aplicar destrezas apropiadas a una situación específica, le confiere seguridad personal, y avanza en el proceso de afirmar su personalidad ante las exigencias del ambiente. Esto es alcanzar el poder. En este sentido nos pensamos en el poder como la influencia sobre las decisiones de otras personas, si no en el dominio y manejo de las diferentes situaciones sociales que enfrenta el niño, lo cual favorece el desarrollo de su madurez social

La observancia a algunos límites, también es otro factor que aportan beneficios a la conquista del poder del niño. El conocimiento de lo que puede hacer, dónde y cuándo y lo que no puede hacer, enseña al niño a planificar sus actividades diarias, fijando objetivos realistas. Esto lo podemos apreciar en su adaptación a las reglas del juego, al horario de actividades en casa, el acatamiento a las reglas de casa, etc. Entonces, que esperamos para conferirle al niño ese poder? El poder es un antídoto contra la frustración, y aunque el niño experimente alguna frustración, la entenderla como una experiencia de la cual aprenderá.

COMUNICACIÓN

La buena comunicación entre el padre y su niño revela una buena sintonía que la relación va viento en popa, y que este viento sopla favorablemente en muchos aspectos. He aquí algunos de ellos:

Percepción:

A través de la comunicación padre e hijo se perciben mejor. Esto significa que las emociones, sentimientos y deseos del niño serán atendidos debidamente, y se buscará la satisfacción y equilibrio entre ellos.

Los intereses del niño se estarían tomando muy en cuenta y el resultado sería la sintonía entre padre e hijo. Es decir, la capacidad de saber llegar al corazón y motivaciones del niño; el padre estaría mejorando su habilidad en el manejo del diálogo y el manejo de la persuasión. En esa relación -padre e hijo-. ambos se benefician, y el padre podría llegar a convertirse en el mejor amigo de su hijo, por que ambos se integran y se complementan. Se integran, porque conforman una unidad perceptiva, donde el centro de gravedad cae en la confianza mutua; y se complementan, por que ambos se necesitan para cumplir los roles que la sociedad les ha impuesto a nivel familiar.

Atención:

Atender las necesidades físicas del niño es vital para su supervivencia, tales como: alimentación, sed, sueño, techo y protección contra los depredadores. Pero la atención a sus inquietudes e intereses también es muy importante. Por atención me refiero a mantener una actitud permanente de saber algo más sobre tu hijo cada día. Sí, esta disposición anímica ayuda a los padres a entrar en el mundo imaginativo de sus hijos, especialmente en aquellos casos en que los niños tienen sus propios personajes, y desean que sus padres se enteren acerca de las "hazañas" de éstos personajes, incluso de aquellas "obras de arte" creada por los niños. Cada niño es un capullo de emociones y sentimientos. Tienes ante ti un tesoro por descubrir y conocer. Sí, descubrir el alma humana infantil, fresca y vibrante. Cada momento es importante. Cuando ríe, llora, canta, grita, solloza, gime, se queja o hace berrinche; cuando escribe, pinta, dibuja, juega; cuando pelea, rechaza, entrega, arrebata, comparte; cuando está alegre, furioso, frustrado, temeroso; cuando ora o implora; entonces ten seguro que como un vendaval de emociones, tu corazón se sentirá arrebatado de gozo y satisfacción; cuando viendo dormido a tu hijo, apacible y angelical, reflexionas acerca de tu ejemplar rol de padre en un día cualquiera de la vida de tu hijo.

Fluidez:

Si eres padre de familia imagina por un momento un manantial de agua; nos embelesa su constante fluidez, su cristalina apariencia, su renovada fuerza en búsqueda del cause hacia nuevos horizontes. Es como si el pasado, presente y futuro estuviera condensado en una burbuja. Ahora piensa en la niñez, en su inocencia y su viva imaginación, su jubilosa risa, sus creativos juegos, sus "por qué" de esto o aquello, su llanto con o sin causa, su búsqueda de afecto y muchos hermosos detalles más. En ambas-el manantial y la niñez-hay vida y esta no es la misma después de un segundo; renovada la primera, intempestiva y asombrosa la segunda. En ambas hay fluidez de energía, de movimiento, de manifestación vital, de buscarse un sitio en el ecosistema y entorno social. Ahora bien, cómo los padres pueden integrarse en la fluidez de la niñez? cómo pueden conectarse con la vida interior de sus hijos durante esa etapa de la vida? Te aconsejo veas cada detalle o manifestación de la niñez como un reto. Pon a trabajar tus sentidos a todo lo que da, y échale una pizca de amor y podrías atrapar un momento de esa riqueza interior. Abraza a tu hijo, míralo a los ojos; lean y jueguen ocasionalmente, hazle preguntas, déjate guiar por él y se flexible en la observancia de las reglas.

<u>Reconocimiento:</u>

Entre gritos, juegos y alegrías, los niños de kínder, jardín de infancia o párvulos, aprenden a escribir sus nombres, a utilizar los colores, a pintar, a utilizar las tijeras, a pegar recortes, tareas que han logrado con mucho esfuerzo. Pregunto: amerita esto un reconocimiento o por lo menos, una felicitación? Claro que sí! Ser ignorado ante un progreso como éste, es marchitar las metas a futuro.

El reconocimiento es como recibir la 'patadita' de un arco iris. Las emociones se matizan con la sonrisa, las palabras parecen tener el eco de un canto de sirenas, y el abrazo parece trasmitir el calor de un ángel. Si el niño es ignorado en sus tempranas realizaciones, como padres estaríamos marchitando el interés del niño en sus actividades que competen a su edad.

El reconocimiento es como una gota de miel que sabe a estímulo con significado:" creo en ti", "hazlo que yo te apoyo".

Bueno, marco un alto a mis apreciaciones. Creo que sí nos enfocamos en satisfacer seriamente las necesidades de nuestros niños, estaremos construyendo individuos con un ego fortalecido y una personalidad afirmativa. Como padre de familia te invito a que eches andar toda tu energía, tu motivación, tu esfuerzo e inspiración, y enfocarte en las necesidades emocionales de tus hijos: abrazándolos, explicándoles el "por qué"de las cosas, enseñándoles a caminar un camino de nuevas experiencias; ser tolerante con su identidad sexual; promover el sentimiento de sentirse útil e importante en el seno de la familia; apoyarlos cuando su mundo se ensombrece; fortalecer su conducta afirmativa cuando aceptan y obedecen las reglas; abriendo tu corazón para que dialoguen contigo; felicitarlos por sus logros; todo los estímulos anteriores son pasos gigantescos para el éxito. Ten compasión de tus niños; haz ligera la carga emocional que les agobia, y comparte con ellos su peso para que juntos disfruten de la bendita relación entre padres e hijos.

Amigo lector, Amiga lectora, espero hayan disfrutado de la lectura de este modesto libro. Los exhorto a rezar por nuestros líderes políticos en busca de la compasión hacia los emigrantes que piden asilo político; por la unidad de las familias, y por los miles y miles de inmigrantes sin status legal definido, que luchan día a día por el progreso y unidad de los Estados Unidos de América. Gracias!

(Foto del Autor).